留学生のための
現代日本語読解

岩佐 靖夫・片桐 史尚・桜井 隆・横道 千秋

Jリサーチ出版

はじめに

本書は、中級後半から上級レベルにかけての日本語読解教材です。

従来の読解教材は、さまざまな作品を網羅した優れたものが多い反面、単語（一般の日本語教材には出てこないもの）や著作権の問題があり、最新の現代小説などは取り上げにくい状況にありました。

しかし、学習者と話していると「新しいものが読みたい」という要求は強く、なんとかそのような教材を作成することはできないものかと考えるようになりました。

この読解教材では、最新の11の作品を選び、授業、独学の両方に対応できるように配慮してあります。これらの作品のうちで関心を持つものがあれば、ぜひその本を手に入れてください。作品全部を読むきっかけになるでしょう。

現代日本を知るためには、新聞や随筆を読む、テレビドラマやバラエティー番組を見る、日本の歌を覚えるなど、さまざまな方法があります。

この読解教材では、新しい日本の小説を読むことで、現代日本社会に触れるということに主眼をおきました。

本書が、皆さんの読解能力向上に役立てば幸いです。

著者を代表して　岩佐靖夫

目次

本書の使い方

この教材は、中上級段階の日本語学習者の一層の読解能力向上を目的として作られています。

各課の構成

ことば ← **本文** ← **練習**

各課は、教室で先生が指導する場合、90分から120分くらいで指導が出来るように構成しています。

―ことば―

独学で本書を使用する場合でも、無理なく本文が読み進められるように、先ず、中級から上級段階で学習すべきことばについて、各課の初めに置いています。初級段階以外で学ぶことばには、ことばの意味を説明してありますので、教室で教えられる先生には、その中で、必要だと思われることばを選出してご指導頂き、独学で学ばれる皆さんには、先ず、ここで、自分の知っていることばと知らないことばをチェックして、知らないことばをしっかり覚えてもらうのがいいと思います。

―本　文―

ことばの学習が終わったら、本文を読み進めることになりますが、本文は段落ごとに区切って読んでいくのが効果的です。教室で教えられる先生には、教室内では速読とともに精読をして頂くと、ことばの定着が一層図れます。独学で学ばれる皆さんも、速読と合わせて精読をしっかり行ってもらいたいと思います。その際、分からないことばが出て来た場合は、前ページのことばに戻り、説明を確認すれば、ことばが確実に定着します。

―練　習―

練習問題は、各課の本文中にあり、特に中級後半から上級段階において学習されるべき重要な文法、語彙、内容の理解を問う問題で、さらに読解能力の向上を期待するために作られています。練習問題では、各課のポイントとなる事柄を確認出来ます。各課の問題の最後には、「読む」ことに付随した「書く」ことによる文型定着の練習問題を置きました。問題を間違えた人は、解答や本文を参照して、必ずどこを間違えたのかを確認してから次の課に進むようにしてください。

ことばのカタカナ語の出自は、（英）…英語、（独）…ドイツ語、（仏）…フランス語を示します。ことばは原則として辞書形で掲載していますが、固有表現でよく使われることばについては、そのままの形で掲載しています。**固有表現**とは決められている特有な表現のことです。また、**文章語**は書き言葉を、**慣用句**は二つ以上の語からなる決まった言い方を表します。

第一課　美女入門

林《はやし》　真理子《まりこ》

—ことば—

苦手	にがて	好きでない
こわばる		硬くなって、動かなくなる
ずり落ちる	ずりおちる	滑り落ちる
手すり	てすり	
沿う	そう	他のもののそばから離れないように付く
ルール		規則。rule（英）
命の綱	いのちのつな	落ちてしまわないように、体を結びつけておく綱
誇張	こちょう	事実以上に大きく表現すること
～のあまり		とても～ので

波打つ	なみうつ	ここでは、波が来るように打つ
腹立たしい	はらだたしい	腹が立って来る感じである
～ながら		～のに
しょっちゅう		いつも
六本木	ろっぽんぎ	地名。東京の盛り場
パブ		イギリス風の酒場。Pub（英）
大股（で）	おおまたで	足を大きく開いて
絶叫	ぜっきょう	持っているすべての声によって叫ぶこと
つい		ここでは、距離や時間が少ししか離れていない様子
甘く見る	あまくみる	大したことがないと思う
パンツ		ここでは、ズボン
踏み外す	ふみはずす	足を下ろす場所を間違えて、倒れ落ちる
一瞬たりとも	いっしゅんたりとも	一瞬でも。文章語
油断	ゆだん	気持ちがゆるんで、不注意になる

ヒール		靴のかかと。Heel（英）
サンダル		sandal（英）
目がない	めがない	とても好きだ
よせばいいのに		そんなことをしなければいいのに
グッチ［Gucci］		洋服・かばんなどの会社
プラダ［Prada］		洋服・かばんなどの会社
大足	おおあし	
目にする	めにする	見る
ものすごい		ここでは、とても多くの
さすがに		それでもやはり。それでも
ゆるめ		少しゆるい
ぴったり		ちょうどいい
まとめ買い	まとめがい	一度にたくさん買うこと
～ものである		

しみじみと		深く心に感じ入る様子
便所サンダル	べんじょサンダル	トイレで使う（汚い）サンダル。日本ではトイレ内では別のサンダルに履き替えることが多い
シンプル		簡単な。Simple（英）
目もあてられない	めもあてられない	とてもひどいので見たくない
～というものの		～けれども
見うける	みうける	見かける
すっかり		完全に
ひょこひょこ		気軽にあちらこちら歩き回る様子
わけ［訳］		（自分を）「分ける」から来た語
素敵な	すてきな	すばらしい
ふさわしい［相応しい］		対象によく調和している様子

―本　文―

私は階段が、この世で六番目ぐらいに苦手だ。

階段を見ると私の体は緊張し、こわばってくるのがわかる。今まで何度、私は階段でずり落ちたことであろうか。だから必ず、手すりに沿って降りていく。すると地下鉄の駅などで、ルールを無視して向こう側から上がってくる人がいる。道を譲るために、私が命の綱とも思う手すりから手を離さなくてはならない。

そういう時、私は決して誇張ではなく、恐怖のあまり心臓が波打っているのがわかるのである。そして腹立たしいことに、これほど気をつけていながら、私はしょっちゅう階段を滑っている。

ついおとといのこと、友人二人で六本木のパブへ行った。先に何人か待たせていたので、かなり急いでいた。階段を大股《おおまた》で降りていく彼の後を私は追った。その時、

「ギャーッ」

と起こる絶叫。つい十段ぐらいの階段と甘く見たのが悪かった。私のパンツの裾がからまって、階段を踏み外したのである。たいしたことがなくてよかったが、これからは一瞬たりとも、油断をしてはならないと思った。

さて、こんな私であるが、ヒールの高いサンダルには目がない。よせばいいのに、グッチやプ

ラダのものをよく買う。私は大足なので、いつもサイズは苦労していたのであるが、昨年香港で信じられないような光景を目にした。プラダの最新の靴が、ものすごいサイズで揃っていたのだ。香港に詳しい人に聞いたところ、白人の大きい人が買いに来るので、こういう大きいものを置いてあるのだということであった。さすがに私の足にもゆるめであったが、それはタテのサイズのこと。横幅はぴったりで、喜んだ私は何足もまとめ買いをしたものである。

今年また履こうと、箱から出してしみじみと見た。全く何て高いヒールなんだ。

今年は便所サンダルとしか思えないような、シンプルで素朴なものがいっぱい出てきているが、やはり主流は高いヒールのものであろう。

最近の女の子は歩き方が上手くなったというものの、中には目もあてられないコがかなり多く見うけられる。腰がすっかり下がり、曲がった腰でひょこひょこ歩いているわけだ。

私も経験があるのであるが、八センチのヒールで一日中カッコよく歩こうなどというのは絶対に無理だ。素敵なサンダルを履いた日というのは、一日、車と男を確保しなくてはならない。車でサッと行き、サッと帰る、という場面こそ、高い靴がふさわしい。

（林　真理子『美女入門』角川書店より）

―練　習―

【1】慣用句の意味を確認してください。

A　目にする　　C　口にする

B　耳にする　　D　手にする

【2】次の文の（　　　　）の中に、【1】のA～Dから適当なことばを選んで形を変えて書いてください。

①そんな悪いことばを（　　　　　）てはいけません。

②昨日、学校で田中さんのうわさを（　　　　　）。

③富士山の美しさは、一度（　　　　　）たら忘れられない。

④さしみがおいしいとは聞いたが、まだ（　　　　　）ことがない。

⑤あそこでかばんを（　　　　　）ている人が山田さんです。

【3】（　　　）の中に入る適当な言葉を、［　　　］の中から選んで書いてください。

①机の上が汚かったので、（　　　）掃除しておきました。
②田中君は遅刻して、教室に（　　　）とやって来ました。
③初めは刺身が食べられませんでしたが、今では（　　　）好きになりました。
④日本に来て、日本語の大切さを（　　　）と感じました。
⑤この本棚は、家の押入れに（　　　）と入りました。

［　ぴったり　　すっかり　　ひょこひょこ　　さっと　　しみじみ　］

【4】次の語を使って、文を作ってください。

①決して～ない

②～のあまり

③～たりとも

④～ものだ

⑤～ものの

第二課　あの日にドライブ

荻原《おぎわら》　浩《ひろし》

―ことば―

腐る	くさる	
柿	かき	
車内	しゃない	
満ちる	みちる	限度までいっぱいになる
匂い	におい	
臭い	くさい	
たいてい［大抵］		大部分
酔う	よう	
いちいち［一々］		一つ一つ漏らさずに

気にする	きにする	心配する
しらふ		酒に酔っていない時の顔
アルコール臭	アルコールしゅう	
いまだに［未だに］		今でもまだ
酔っぱらい	よっぱらい	ひどく酒に酔った人
尋ねる	たずねる	
すいません		話し言葉で「すみません」はしばしば「すいません」という
道順	みちじゅん	
どこもかしこも		すべての場所
不慣れ	ふなれ	慣れていないこと
露骨に	ろこつに	相手の気持ちをかまわずに外にそのまま現す様子
吐きつける	はきつける	相手に接触するように息を出す
ろれつ［呂律］		ものを言う時の舌の回り方

断片　だんぺん
室内灯　しつないとう
ドライブ・マップ　drive-map（英）
めくる　薄いものを巻くようにして次の面を出す
後続　こうぞく
クラクション　警笛《けいてき》。klaxon（英）
とりあえず［取り敢えず］　何はともあれ先ず。差し当たり
前進する　ぜんしんする
後部　こうぶ
シート　座席。Seat（英）
舌打ち　したうち　不満を表すときの動作で舌で音を出すこと
従う　したがう　ここでは、言われるままになる。逆らわないでいる
たどる　不案内な場所を探《さぐ》り求めて行く
萩中　はぎなか　（地名）

深夜	しんや	
首尾よく	しゅびよく	問題なくことが運ぶ様子
ひっかかる［引っ掛かる］		
ハズレを引く	はずれをひく	運の悪い状態になること
引いちまう	ひいちまう	「引いてしまう」が省略された形。話し言葉
表示板	ひょうじばん	
賃走	ちんそう	
アクセル		自動車の速度調節装置。accelerator（英）
踏み込む	ふみこむ	しっかりと深く踏む
不満	ふまん	
駅づけ	えきづけ	駅に着けること
一発勝負	いっぱつしょうぶ	一度だけの争い
ギャンブル		賭けごと。gamble（英）
メーター		計量器。meter（英）

こつこつと		着実に粘《ねば》り強く何かをし続ける様子
稼ぐ	かせぐ	
営業収入	えいぎょうしゅうにゅう	
競馬	けいば	
LOTO	ロト	ギャンブルの一種
告げる	つげる	言う
しだい［次第］		ここでは「～によって」
いびき［鼾］		寝ている時に呼吸と一緒に出る音
千円ぽっち	せんえんぽっち	（少ないと感じ）たった千円だけ
面倒	めんどう	
後部	こうぶ	
馬券	ばけん	
叩き起こす	たたきおこす	寝ている者を無理に起こす
荒々しい	あらあらしい	いかにも乱暴な様子

要望　ようぼう
チューニング　tuning（英）
AM　エーエム　ラジオの短波放送
局　きょく
お笑い芸人　おわらいげいにん
騒々しい　そうぞうしい　物音がうるさいこと
さっさと　無駄がなく速く物事をする様子
FM　エフエム　ラジオの長波放送
ボリューム　音量。volume（英）
ルームミラー　自動車の室内にある鏡。room-mirror（英）
越　ごし
一般車　いっぱんしゃ
常に　つねに　いつも。変わらずに
気を配る　きをくばる　あれこれと心を配る

方針	ほうしん	
無賃	むちん	
強盗	ごうとう	
衿もと	えりもと	
目をそらす	めをそらす	目を合わせないようにする
そろりと		静かにゆっくりと
発進する	はっしんする	
助手席	じょしゅせき	運転席の隣の座席
掲げる	かかげる	目立つようにする
運転者証	うんてんしゃしょう	
牧村伸郎	まきむらのぶろう	（人名）
顔写真	かおじゃしん	

―本　文―

自動ドアを開け、客を乗せたとたん、腐った柿の匂いが車内に満ちた。

他人の酒の匂いは臭い。タクシーの運転手になるまで、そんなことも知らなかった。少し前までは、自分も夜は酒を飲み、帰りが遅くなればタクシーを使う人間だったからだ。

まもなく午前一時。この時間に乗せる客はたいていが酔っているから、いちいち気にしていたら仕事にならないのだが、しらふで運転している身には胸が苦しくなるほどのアルコール臭に、いまだに慣れることができずにいる。鼻から息をしないようにして、後部座席に声をかけた。

「お客さん、どちらまで行きましょう」

「ふあぎなか」

酔っぱらいの声は必要以上に大きい。大きいのに聞き取りにくい。もう一度、尋ねた。

「ふぁんぎにゃか」

ますますわからなくなった。

「三木坂？」

「ふあみにかゃ、だよ」

「すいません、道順を教えていただけますか。このあたりは不慣れなもので」

このあたりもなにも、タクシードライバーになってまだ三カ月。実は東京の道のどこもかしこもが不慣れだった。

客は露骨に不機嫌になり、命令口調の言葉と臭い息を吐きつけてくる。ろれつの回っていない言葉の断片を拾い集めて、室内灯をつけ、ドライブマップをめくっていると、後続のタクシーからクラクションを鳴らされてしまった。とりあえず十メートルだけ前進する。今度は後部シートから舌打ちが飛んできた。

客の言葉に従って地図をたどり、ようやく「萩中」という地名を見つける。こっちが舌打ちをしたくなった。駅前のこのタクシー乗り場からは、深夜でもメーターが三、四回転しかしない場所だ。首尾よく信号にひっかかり続けたとしても、千円いくかどうか。一時間も並んでいたのに、ハズレを引いちまった。表示板を「賃走」にし、アクセルを強く踏みこんで、自分にかわってエンジンに不満の声を上げさせる。

最終電車が出た後の駅づけは、一発勝負のギャンブルだ。長距離《ロング》の客をつかまえれば、昼の間にワンメーター、ツーメーターとこつこつ稼いでいたのが馬鹿らしくなるほどの営業収入が出る。しかし競馬やLOTOと違って、乗り場に並ぶ客を選べるわけじゃない。客が告げる行き先ですべてが決まる、まったくの運しだいの賭け。

ワンメーターも行かないうちに、後ろからいびきが聞こえはじめた。おいおい、頼むから、たった千円ぽっちで、面倒をかけないでくれよ。

後部座席のハズレ馬券を叩き起こすために、荒々しくハンドルを切り、赤信号で急ブレーキを踏む。客を乗せている時は、要望がないかぎりつけてはいけない規則になっているカーラジオのスイッチを入れた。

チューニングは交通情報を聴いていたAM局のまま。お笑い芸人の騒々しい声が流れてきた。いつもならさっさとFM局に変えてしまうのだが、耳が痛くなるぐらいまでボリュームを上げる。

起きたかな。ルームミラー越しに後部シートへ目を走らせた。ミラーは一般車よりずっと大きい。「お客さま」へ常に気を配るように、という会社の方針のためだが、気を配るのは客のご機嫌ではなく、「お客さま」に無賃乗車か強盗を働く可能性がないかどうかだ。男の衿もとのバッジに気づいたとたん、あわてて目をそらして、ラジオを消す。

信号が青になった。今度は起こさないように、そろりとクルマを発進させる。助手席に掲げられた運転者証を隠したくなった。

「牧村伸郎《まきむらのぶろう》」という自分の名前と顔写真を見られたくなかったからだ。


（荻原　浩『あの日にドライブ』光文社より）

―練　習―

【1】次の文章の（　）にひらがな一字を書き入れてください。

①日本の生活習慣（　）すっかり慣れました。
②田中君は自分の外見（　）よく気にする人です。
③人（　）気を配ることは、社会で生活していくために重要です。
④車窓から見える風景（　）目を走らせました。
⑤怒った犬は飼い主（　）（　）目をそらし続けていました。

【2】「込む」と「始める」の言葉から適当なものを選び、形を変えて（　）に書き入れてください。

①二年前の三月に、私は日本に住み（　　）ました。
②ラジオ局に頼み（　　）、貴重な番組のテープを借りることができました。

③うちの子は、十歳になる今もサンタクロースの存在を信じ（　　　）いる。
④街で偶然中学時代の友達に会って、すっかり話し（　　　）しまいました。
⑤最近、地球の温暖化現象が言われ（　　　）います。

【3】（　　　）の中に入る適当な言葉を、［　　　］の中から選んで書いてください。

①面倒臭く思われることは（　　　）片付けてしまった方がいいです。
②人間は（　　　）努力していれば、きっといいことがあります。
③連続して駐車している車の横を、一台の車が（　　　）通り抜けています。
④そんな昔の細かいことまで（　　　）思い出せません。
⑤ヨーロッパの主な都市には（　　　）英語がわかる人がいます。

［　いちいち　　こつこつと　　たいてい　　さっさと　　そろりと　］

【4】次の語を使って、文を作ってください。

①～たとたん

②～としても

③～次第で

④とりあえず

⑤ようやく

第三課　ノルウェイの森（上）

村上春樹《むらかみはるき》

―ことば―

僕	ぼく	男性が自分のことを指す呼び名
直子	なおこ	女性の名前。ここでは「僕」の友達
四ッ谷駅	よつやえき	JR中央線の駅名（東京都千代田区）
線路	せんろ	
わき［脇］		
土手	どて	
市ヶ谷	いちがや	JR中央線の駅名（東京都千代田区）
～に向ける	～にむける	
半ば	なかば	

朝方　あさがた　「あさかた」とも
ぱらぱらと　細かい粒状のものが軽く落ちてくる様子
昼前　ひるまえ
完全に　かんぜんに
たれこめる［垂れ籠める］　低い位置に一面におおう
うっとうしい［鬱陶しい］　何かにおおわれるようで気分の重い様子
雨雲　あまぐも　雨を降らしそうな雲（読み方注意）
追い払う　おいはらう　追って立ち去らせる
姿　すがた
鮮やかな　あざやかな　色や形が明るくはっきりしていること
〜に揺れる　〜にゆれる
きらきらと　美しい光が絶えず出ている様子
反射する　はんしゃする
日射し　ひざし　「日差し」、「陽射し」、「陽差し」とも

初夏	しょか	
すれ違う	すれちがう	
上着	うわぎ	
かかえる［抱える］		負担・マイナスとなるものを持つ
テニス・コート		tennis-coat（英）
ラケット		racket（英）
握る	にぎる	手の指をそろえて曲げてつかむ
並ぶ	ならぶ	
ベンチ		長い椅子。bench（英）
きちんと		十分に片づけられて乱れていないこと
制服	せいふく	
身にまとう	みにまとう	体全体、または部分的に巻き付ける
届く	とどく	「ある所に着く」意味
満ち足りる	みちたりる	満足する

日なた［日向］　ひなた　日が当たる所
～を楽しむ　～をたのしむ　それをすることによって楽しい感じを持つ
汗　あせ
にじむ［滲む］　色などがしみて広がる
厚い　あつい
木綿　もめん
淡い　あわい　柔らかく薄い色
グレー　灰色。gray（英）
トレーナー　trainer（英）
袖　そで
肘　ひじ
たくしあげる　巻いて上に上げる
洗いこむ　あらいこむ　よく洗う、しっかり洗う
ずいぶん［随分］　相当、かなり

褪せる	あせる	色が前より薄くなる。「浅い」の動詞になった形
ずっと		1. 初めから終わりまで　2. とてもとても ここでは2
はっきり		
記憶	きおく	
わけ［訳］		
当時	とうじ	
それほど~ない		
共同	きょうどう	
暮す	くらす	「暮らす」とも
訊ねる	たずねる	聞く。「尋ねる」に同じ。
経つ	たつ	
少なくとも	すくなくとも	一番少なくても、最低でも
耐える	たえる	我慢する

～難い	～がたい	
彼女	かのじょ	
水飲み場	みずのみば	
立ち止まる	たちどまる	
ほんの		本当に少しの、本当に僅か（わずか）の
ひとくち［一口］		
ズボン		jupon（仏）
ポケット		pocket（英）
ハンカチ		handkerchief（英）
拭く	ふく	布などでこするようにして汚れを取ってきれいにする
（身を）かがめる	みをかがめる	脚や腰を折り曲げる
注意深い	ちゅういぶかい	
靴	くつ	
紐	ひも	

しめなおす［閉め直す］		
次第	しだい	～によって
煩わしい	わずらわしい	複雑で面倒なこと
結構	けっこう	比較的、割と
規則	きそく	
下らない	くだらない	つまらない、取るに足《た》りない
奴	やつ	人を（取るに足りないものとして）見下して言う語
威張る	いばる	偉そうに強く見せる
同居人	どうきょにん	
ラジオ体操	ラジオたいそう	
とりたてて［取り立てて］		特に取り出して
肯く	うなずく	承知することで、首をたてにふる。「項《うなじ》＋付く」が省略された形
思いをめぐらせる	おもいをめぐらせる	あちらこちら色々と思う

珍しい　めずらしい
のぞく［覗く］
ど（っ）きりとする　突然の変化に驚く
すきとおる［透き通る］
機会　きかい
〜きり
訊く　きく
唇　くちびる
噛む　かむ
適当　てきとう　ちょうどいい
言葉　ことば
表現　ひょうげん
結局　けっきょく　最後には、ついには
ため息をつく　ためいきをつく　失望、心配などの時、大きく息をつく
目を伏せる　めをふせる　わざと見ないようにする、目を閉じる

―本　文―

僕と直子は四ツ谷駅で電車を降りて、線路わきの土手を市ケ谷の方に向けて歩いていた。五月の半ばの日曜日の午後だった。朝方ぱらぱらと降ったりやんだりしていた雨も昼前には完全にあがり、低くたれこめていたうっとうしい雨雲は南からの風に追い払われるように姿を消していた。鮮かな緑色をした桜の葉が風に揺れ、太陽の光をきらきらと反射させていた。日射しはもう初夏のものだった。すれちがう人々はセーターや上着を脱いで、肩にかけたり腕にかかえたりしていた。日曜日の午後のあたたかい日差しの下では、誰もがみんな幸せそうに見えた。土手の向こうに見えるテニス・コートでは若い男がシャツを脱いでショート・パンツ一枚になってラケットを振っていた。並んでベンチに座った二人の修道尼《シスター》だけがきちんと黒い冬の制服を身にまとっていて、彼女たちのまわりにだけは夏の光もまだ届いていないように思えるのだが、それでも二人は満ち足りた顔つきで日なたでの会話を楽しんでいた。

十五分も歩くと背中に汗がにじんできたので、僕は厚い木綿のシャツを脱いでTシャツ一枚になった。彼女は淡いグレーのトレーナー・シャツの袖を肘の上までたくしあげていた。よく洗いこまれたものらしく、ずいぶん感じよく色が褪せていた。ずっと前にそれと同じシャツを彼女が着ているのを見たことがあるような気がしたが、はっきりとした記憶があるわけではない。ただそんな気がしただけだった。直子について当時僕はそれほど多くのことを覚えていたわけではなかった。

「共同生活ってどう？　他の人たちと一緒に暮すのって楽しい？」と直子は訊ねた。

「よくわからないよ。まだ一ヵ月ちょっとしか経ってないからね」と僕は言った。「でもそれほど悪くはないね。少くとも耐えがたいというようなことはないな」

彼女は水飲み場の前で立ち止まって、ほんのひとくちだけ水を飲み、ズボンのポケットから白いハンカチを出して口を拭いた。それから身をかがめて注意深く靴の紐をしめなおした。

「ねぇ、私にもそういう生活できると思う？」

「共同生活のこと？」

「そう」と直子は言った。

「どうかな、そういうのって考え方次第だからね。煩わしいことは結構あるといえばある。規則はうるさいし、下らない奴が威張ってるし、同居人は朝の六時半にラジオ体操を始めるしね。でもそういうのはどこにいったって同じだと思えば、とりたてて気にはならない。ここで暮すしかないんだと思えば、それなりに暮せる。そういうことだよ」

「そうね」と言って彼女は肯き、しばらく何かに思いをめぐらせているようだった。そして珍しいものでものぞきこむみたいに僕の目をじっと見た。よく見ると彼女の目はどきりとするくらい深くすきとおっていた。彼女がそんなすきとおった目をしていることに僕はそれまで気がつかなかった。考えてみれば直子の目をじっと見るような機会もなかったのだ。二人きりで歩くのも初めてだし、こんなに長く話をするのも初めてだった。

「寮か何かに入るつもりなの？」と僕は訊いてみた。

「ううん、そうじゃないのよ」と直子は言った。「ただ私、ちょっと考えてたのよ。共同生活をするのってどんなだろうって。そしてそれはつまり……」、直子は唇を噛みながら適当な言葉なり表現を探していたが、結局それはみつからなかったようだった。彼女はため息をついて目を伏せた。「よくわからないわ、いいのよ」

（村上春樹『ノルウェイの森（上）』講談社より）

—練　習—

【1】――――のある言葉の意味の違いを確認してください。それぞれどんな意味の違いがありますか。

①日曜日の午後のあたたかい日差しの下では、誰もがみんな幸せそうに見えた。（39ページ・6行目）
②彼女たちのまわりにだけは夏の光もまだ届いていないように思えるのだが、…（39ページ・9行目）
③よく洗い込まれたものらしく、ずいぶん感じよく色が褪せていた。（39ページ・12〜13行目）
④そして珍しいものでものぞきこむみたいに僕の眼をじっと見た。（40ページ・15〜16行目）

【2】（　　　　）の中に入る適当な言葉を、［　　　　］の中から選んで書いてください。

①彼女は（　　　　）した眼で相手を眺めました。
②言いたいことがあるなら、（　　　　）言ってください。
③2月に粉雪が（　　　　）と舞うのを楽しみにしていましたが、今年はついに降りませんでした。
④あの先生はいつも（　　　　）した格好で学校へ来ます。

⑤先生から急に質問されたので、（　　　　）としてしまいました。
⑥生まれた時から、私は（　　　　）横浜に住んでいます。
⑦小さい子供はなかなか（　　　　）していることができないものです。

［　じっと　ずっと　どっきり　はっきり　きちんと　きらきら　ぱらぱら　］

【３】次の語を使って、文を作ってください。

①それほど

②～わけではない

③ずいぶん

④～難い

⑤結局

第四課　ノルウェイの森（下）

村上春樹《むらかみはるき》

―ことば―

翌日　よくじつ
午前中　ごぜんちゅう
体育　たいいく
メートル　metre（英）
プール　pool（英）
何度か　なんどか
往復する　おうふくする　行ったり来たりする
激しい　はげしい　勢いが強くするどい
～せいで　前の行為の結果、悪い結果となったことを示す

気分	きぶん	感じ。雰囲気
いくらか		少しは
さっぱりする		不要なものを取り除いたり、汚れを落としたりして気持ちがよくなる様子
食欲	しょくよく	
定食屋	ていしょくや	一定の献立による料理
たっぷり		
量	りょう	
昼食	ちゅうしょく	
調べもの	しらべもの	
文学部	ぶんがくぶ	
図書館	としょかん	
小林　緑	こばやし　みどり	（人名）
ばったり		1．不意に出会うこと　2．急に倒れること

結局	けっきょく	ついに。最後に。多く悪い場合に使う
長袖	ながそで	
シャツ		shirt（英）
魚	さかな	
編みこ［込］み	あみこみ	
黄色い	きいろい	
毛糸	けいと	
チョッキ		シャツや上着の上に着る短い洋服。jaque（ポ）
金	きん	
ネックレス		首飾り。necklace（英）
ディズニー・ウォッチ		Disney Watch（英）
実に	じつに	実際に。本当に
用事	ようじ	
いったい［一体］		聞きたいことを強く尋ねる様子。疑問文で使用

べつに［別に］		
あいづち［相槌］		人の話に調子を合わせて受け答えすること
被害	ひがい	
~わりに		それに見合わずにかなり
煙	けむり	
リアリティー		現実性。reality（英）
ごくごくと		音を立てて飲み物を飲む様子
一息つく	ひといきつく	ちょっと休む
まじまじと		真正面からじっと相手を見る様子
漠然とする	ばくぜんとする	掴める所がなく、はっきりしていない様子
焦点	しょうてん	レンズや鏡などの光の集まる所
幽霊	ゆうれい	
宗教学	しゅうきょうがく	
すっぽかす		しなければならないことを全くしないでおく

無理	むり	
ボ（オ）ッとする		不注意で気が抜けている様子
中庭	なかにわ	
我々	われわれ	私達。話し言葉で多く使う
新宿	しんじゅく	
紀伊國屋	きのくにや	新宿東口にある都内最大の書籍店
裏手	うらて	後ろの方向
DUG		紀伊国屋の脇にあるジャズ喫茶店。店内でリクエストによりジャズを聞かせる
ウォッカ・トニック		ロシア産の強いお酒。Vodka - tonic
やましい［疚しい］		良心がとがめるような感じがする。気持ちがひっかかる感じがする
たまに		極少なく。本当に時々
グラス		glass（英）

氷　こおり
かちゃかちゃ（と）　小さく硬い金属がうるさくぶつかり合う音
振る　ふる
辛い　つらい　耐えがたい
ウェイター　waiter（英）
注文する　ちゅうもんする

―本　文―

翌日の木曜日の午前中には体育の授業があり、僕は五十メートル・プールを何度か往復した。激しい運動をしたせいで気分もいくらかさっぱりしたし、食欲も出てきた。僕は定食屋でたっぷりと量のある昼食を食べてから、調べものをするために文学部の図書室に向かって歩いているところで小林緑とばったり出会った。彼女は眼鏡をかけた小柄な女の子と一緒にいたが、僕の姿を見ると一人で僕の方にやってきた。

「どこに行くの？」と彼女が僕に訊いた。

「図書室」と僕は言った。

「そんなところ行くのやめて私と一緒に昼ごはん食べない？」

「さっき食べたよ」

「いいじゃない。もう一回食べなさいよ」

結局僕と緑は近所の喫茶店に入って、彼女はカレーを食べ、僕はコーヒーを飲んだ。彼女は白い長袖のシャツの上に魚の絵の編みこみのある黄色い毛糸のチョッキを着て、金の細いネックレスをかけ、ディズニー・ウォッチをつけていた。そして実においしそうにカレーを食べ、水を三杯飲んだ。

「ずっとここのところあなたいなかったでしょ？　私何度も電話したのよ」と緑は言った。

「何か用事でもあったの？」

「別に用事なんかないわよ。ただ電話してみただけよ」

「ふうむ」と僕は言った。

「『ふうむ』って何よいったい、それ？」

「べつに何でもないよ、ただのあいづちだよ」と僕は言った。「どう、最近火事は起きてない？」

「うん、あれなかなか楽しかったわねえ。被害もそんなになかったし、そのわりに煙がいっぱい出てリアリティーがあったし、ああいうのいいわよ」緑はそう言ってからまたごくごくと水を飲んだ。そして一息ついてから僕の顔をまじまじと見た。「ねぇ、ワタナベ君、どうしたの？　あなたなんだか漠然とした顔してるわよ。目の焦点もあっていないし」

「旅行から帰ってきて少し疲れてるんだよ。べつになんともない」

「幽霊でも見てきたような顔してるわよ」

「ふうむ」と僕は言った。

「ねえワタナベ君、午後の授業あるの？」

「ドイツ語と宗教学」

「それすっぽかせない？」

「ドイツ語の方は無理だね。今日テストがある」

「それ何時に終る？」

「二時」

「じゃあそのあと町に出て一緒にお酒飲まない？」

「昼の二時から？」と僕は訊いた。

「たまにはいいじゃない。あなたすごくボオッとした顔してるし、私と一緒にお酒でも飲んで元気だしなさいよ。私もあなたとお酒飲んで元気になりたいし。ね、いいでしょう？」

「いいよ、じゃあ飲みに行こう」と僕はため息をついて言った。「二時に文学部の中庭で待っているよ」


ドイツ語の授業が終ると我々はバスに乗って新宿の町に出て、紀伊國屋の裏手の地下にあるDUGに入ってウォッカ・トニックを二杯ずつ飲んだ。

「ときどきここ来るのよ、昼間にお酒飲んでもやましい感じしないから」と彼女は言った。

「そんなにお昼から飲んでるの？」

「たまによ」と緑はグラスに残った氷をかちゃかちゃと音を立てて振った。

「たまに世の中が辛くなると、ここに来てウォッカ・トニック飲むのよ」

「世の中が辛いの?」

「たまにね」と緑は言った。「私には私でいろいろと問題があるのよ」

「たとえばどんなこと?」

「家のこと、恋人のこと、生理不順のこと——いろいろよね」

「もう一杯飲めば?」

「もちろんよ」

僕は手をあげてウェイターを呼び、ウォッカ・トニックを二杯注文した。

(村上春樹『ノルウェイの森(下)』講談社より)

―練　習―

【1】①・②の言葉の意味を確認してください。

①あいづちを打つ

②一息つく

【2】（　　　　）の中に入る適当な言葉を、［　　　　］の中から選んで書いてください。

①今日は何か疲れたことでもあったのか、彼は終始（　　　　）していました。

②時間はまだ（　　　　）あるから、あわてずにゆっくりやろう。

③昨日、駅前のコンビニエンスストアで小林先生と（　　　　）会いました。

④食器を（　　　　）と音をさせながら食事するのはよくない。

⑤緑は（　　　　）と水と飲んだ。

⑥激しい運動をしたせいで、気分もいくらか（　　　　）した。

［　さっぱり　たっぷり　ばったり　ぼっと　かちゃかちゃ　ごくごく　］

【3】＿＿＿のある言葉に注意しながら、（　　　）の正しいものを選んでください。

①私の先生は、簡単な韓国語をいくらか（話せます・話せません）。
②彼は一体、今本当に（四十歳です・四十歳でしょうか）。
③小さい時から、私はずっと（横浜に住んでいます・していることが出来ません）。
④パソコンを見すぎたせいで、（目が疲れませんでした・目が疲れました）。

【4】次の語を使って、文を作ってください。

①たまに

②～ために

③なんだか

④べつに

⑤何度か

第五課　代筆屋

辻《つじ》　仁成《ひとなり》

―ことば―

拝啓	はいけい	手紙文のはじめに書く挨拶言葉。手紙の最後の「敬具（けいぐ）」と対応する
～のはしくれ［端くれ］		たいした存在ではないが一応そのグループに入っていること。「小説家のはしくれ」などと使用
代筆	だいひつ	他の者に代わって文章を書くこと
看板を出す	かんばんをだす	皆にわかるように示す
公	おおやけ	一般に知られる
口コミ	くちこみ	噂《うわさ》・評判（「マスコミ」という言葉をもとにできたもの）
生業	なりわい	生活する上で得るための職業、家業

さっぱり〜ない		まったく〜ない
いっそ		思い切って
媒介者	ばいかいしゃ	二人の間に入って、両者を関係付ける人
吐露	とろ	自分の意見・気持ちなどを隠（かく）さずにのべること
なにがしかの		なんらかの
〜くせに		〜なのに。多く非難の意味を含めて使われる
口を揃える	くちをそろえる	同じこと・意見をいう
〜ならば		〜であるなら
ずうずうしい［図々しい］		他人の迷惑などを考えずに平気でいること
閃く	ひらめく	（よい考えなどが）瞬間的に思い浮かぶ
堅苦しい	かたくるしい	気持ちが楽でなく窮屈なこと
守秘義務	しゅひぎむ	秘密にする義務があること
差出人名	さしだしにんめい	手紙を書いた人の名前

溢れる	あふれる	
真摯	しんし	真面目なこと。文章語
認め方	したためかた	書き方
悲喜こもごも	ひきこもごも	悲しい人、喜んでいる人それぞれ
中央線の吉祥寺	ちゅうおうせんのきちじょうじ	東京にあるJR中央線の吉祥寺駅
突き抜ける	つきぬける	貫《つらぬ》いて向こう側へ出る
路地	ろじ	家と家との間にある狭い道
老舗	しにせ	何代も続いた有名な店。読み方注意
ひしめく		押し合う。混み合う
匂いが漂う	においがただよう	香りがあたりに出ている様子
住処	すみか	住む所
大挙して押し寄せる	たいきょしておしよせる	大勢の人が一度に来ること
いささか		少しばかり。僅か。文章語

移り住む	うつりすむ	現在の場所から違う場所に生活の場を変えて住むこと
飛びつく	とびつく	
何度となく	なんどとなく	何度ということなく
書き直す羽目	かきなおすはめ	書き直す面倒な状態になること
艶やか	つややか	艶があって美しいこと
慰める	なぐさめる	ここでは、心を楽しませる
唯一	ゆいいつ	ただ一つ。文章語
吹聴する	ふいちょうする	得意げにあちこち言い触らす
～が舞い込む	～がまいこむ	（思い掛けないものが）入ってくる
奥まる	おくまる	普通のところよりやや奥のほうにある
占い師	うらないし	将来のことなどを予想することを職業とする人
正直	しょうじき	本心でいえば
文面に出る	ぶんめんにでる	文章に表現されること
封を開く	ふうをひらく	手紙の封を開ける

真っ先に	まっさきに	いちばんはじめに
～と言えよう	～といえよう	～ということが可能である。文章語
浅はか	あさはか	考えが浅いこと
相手に届いてしまう	あいてにとどいてしまう	相手にわかってしまう

―本　文―

拝啓（まえがきみたいなもの）

私は、小説家のはしくれになったばかりの頃、小説を書く一方で人さまの思いを代筆する仕事もしていた。とくに看板を出していたわけでもなく、名刺を持っていたわけでもない。公のものではなく、半《なか》ば口コミで広がったアルバイト。

小説はさっぱり売れなかったが、代筆の方は月に数組から多いときでは週に二、三組の依頼があり、いっそ、このまま代筆屋を生業《なりわい》にして生きていこうか、と悩んだほどの盛況《せいきょう》であった。

手紙というものには不思議な力がある。携帯メール全盛のこのご時世でさえ、やはり大事なことは手紙で、という人が多い。

どうしても面と向かって言えないことというものがある。ファックスやメールではちょっと失礼、そういうときに手紙はたいへん有効であり、心強い媒介者《ばいかいしゃ》となる。

手紙でしか伝えられない気持ちというものもあるし、また手紙だからこそ思いを吐露《とろ》することができる、という場面も多い。

便箋《びんせん》や葉書《はがき》には、速度ばかりを求める昨今の時代感覚とは正反対の安心感があり、懐かしい手触りもある。手紙には、さあ伝えるぞ、という重みがあり、そして開封する者らは多少の差はあるにせよ、自分だけに送られたその特別な郵便物に、なにがしかの期待と興奮を寄せることができる。

ところで、手紙をもらうことに関しては誰もが喜ぶくせに、どういうわけか、書くのは苦手ときている。小説家のようにもっとすらすら書けるなら、と人は口を揃《そろ》える。実際には、物書きだからといって、すらすら思いどおりに書けるわけではない。いくら上手な文章でも、相手に届かなければ意味がない。

ならば、苦手意識のある人々に向かって、一時期代筆屋をやっていた私がずうずうしくも手紙の書き方を伝授するというのはどうか、と閃《ひらめ》いた。

堅苦しい文章教室のようなものは別の書に任せるとして、ここに当時私が代筆した手紙のいくつかを引っ張り出し（もっとも、守秘義務があるので、依頼者並びに差出人名を仮名とさせていただいた）、同時に依頼者らの、なかなか人情に溢《あふ》れる悩みや思いや生き方を優しく分析しながら、誰にでも書くことのできる、簡単でなおかつ真摯《しんし》な手紙の認《したた》め方というものを、実用的な面だけに限らず、ある種の読み物としても気楽に楽しんでいただけるような手法で記すことにした。

恋あり、別れあり、喜びあり、悲しみあり、人生の悲喜こもごもがここにはある。

代筆屋時代、今から二十年ほど昔のことになるが、私は中央線の吉祥寺《きちじょうじ》駅から井《い》の頭《かしら》公園へと突き抜ける路地、——左右には焼きとり屋、老舗《しにせ》のそば屋、ブティック、不動産屋、古着屋、画廊《がろう》、土産物《みやげもの》屋、などがひしめく賑《にぎ》やかな通りの一角に、部屋を借りていた。レオナルドというカフェの横の狭い階段を上がったところ、ひきたてのコーヒー豆の香ばしい匂《にお》いが漂う、気楽な住処《すみか》であった。

窓の傍《そば》に机があり、夕方には西日が差し込み、便箋を赤く染めた。窓から顔を出すと、公園の高木の向こうに傾く太陽があった。

土日ともなれば親子連れが都内各地から中央線に乗って大挙して押し寄せ、まるで祭りのような賑やかさとなった。

小説を書くにはいささかうるさすぎる環境だったが、たまたまそこに部屋を持っていた大学時代の友人が仕事でアメリカに移り住むこととなり、戻ってくるまでの数年、住んでくれないか、と頼まれた。

家賃はいらぬが、猫が一匹いる、その世話だけお願いしたい。それと時々、猫の写真を撮って送ってほしい。——云々《うんぬん》。

願ってもない申し込みに二つ返事で飛びついたが、私は猫アレルギー持ちで、最初の頃はくしゃみが止まらず、清書途中の手紙を何度となく唾《つば》で汚しては、書き直す羽目となる。それでも背に腹は代《か》えられず、シャム猫のミーシャの面倒を見ながらの生活とあいなった。アレルギーには苦しんだが、恋人のいなかった当時の私にとって、艶《つや》やかな毛並みのミーシャはあの時期の私を慰める唯一の存在でもあった。

代筆屋の仕事が増えたきっかけは階下のカフェ、レオナルドのマスターが筆不精《ふでぶしょう》の常連客らに私のことを吹聴《ふいちょう》したためだ。

それまでは月に一度くらいの依頼だったが、それ以降、あちこちから依頼が舞い込むようになる。

小説の依頼もないのに、代筆の依頼ばかりが増え、正直、あの頃の私は複雑な気持ちで依頼人らと向かい合っていた。

息抜きの場だったレオナルドは、そのうち事務所のようになり、奥まった場所にある席で、私はまるでガード下の占《うらな》い師さながら、依頼者の話に耳を傾けるようになる。

それにしても手紙というものは、不思議な伝達手段である。

書いている人間の気持ちは必ずといっていいほど文面に出る。心配もしていないのに、心配を押し売りするような手紙を書いてはいけない。

そのような気持ちは封を開いた瞬間に、真っ先に相手に届いてしまう。それが手紙の一番に恐ろしいところと言えよう。

愛している気持ちは届くかもしれないが、同時にその幼稚《ようち》さや、愛の浅さや、性格の悪さまでもが相手に届いてしまう。

手紙というものは、人間の心を映す鏡のような存在でもある。

（辻　仁成『代筆屋』海竜社より）

―練　習―

【1】―――を引いた補助動詞がどのような意味を持っているか、確認してください。又、同じ使い方となっている語彙を3つあげてください。

①「ひきたてのコーヒー豆の香ばしい匂いが漂う、気楽な住処であった」（65ページ・5〜6行目）
②「願ってもない申し込みに二つ返事で飛びついたが、…」（66ページ・1行目）
③「清書の途中で何度となく唾で汚しては、書き直す羽目となる」（66ページ・2行目）
④「それ以降、あちこちから依頼が舞い込むようになる。」（66ページ・8〜9行目）
⑤「あの頃の私は複雑な気持ちで依頼人らと向かい合っていた。」（66ページ・10〜11行目）

【2】慣用句・固有表現の意味を確認してください。

①口を揃える
②二つ返事で飛び付く
③背に腹は変えられない
④ガード下の占い師さながら

【3】（　　）の中に入る適当な言葉を［　　］の中から選び、形を変えて書いてください。

①ラッシュアワーの時間帯は、ホームも電車も大勢の乗客で（　　　　）合います。
②大切なことは忘れないように、ノートに（　　　　）ておきます。
③悩んでいる時は、いい考えはなかなか（　　　　）ものです。
④表通りを横に入った（　　　　）ところに、そのお店はありました。
⑤田中さんは体が弱く、時々起こる持病の発作に（　　　　）います。

［　閃く　　記す　　ひしめく　　苦しむ　　奥まる　］

【4】次の語を使って、文を作ってください。

①さっぱり〜ない

②いっそ

③～にせよ

④～といって

⑤まるで

第六課　セイジ

辻内智貴《つじうちともき》

―ことば―

四回生	よんかいせい	四年生
費やす	ついやす	時間を使う。文章語
志	こころざし	あることをしようと心にきめたこと
〜どころか〜ない		
〜なるもの		
止める	やめる	
ついては		それで。そこで。従《したが》って
何やら	なにやら	なんだか
滔々と	とうとうと	すらすらと話し続ける様子

気が済む	きがすむ	満足する
さっさと		ぐずぐずしないで行動する様子
ボンヤリと		ぼっとしている様子
リュック		rucksack（独）
フラリと		
ペダルを漕ぐ	ペダルをこぐ	
バスターミナル		
目にとまった店	めにとまったみせ	何気なく見た店
寝袋にくるまる	ねぶくろにくるまる	袋の形をした簡易式の寝具《しんぐ》
成程	なるほど	
不安めいたもの	ふあんめいたもの	不安のようなもの
気ままに	きままに	自分の思い通りにすること
惹かれる	ひかれる	（関心を）引かれる
道を折れながら	みちをおれながら	道を曲がりながら

いわば［言わば］		例えて言えば
十キロやそこら	じゅっきろ	十キロぐらい
泊りがけ	とまりがけ	
長々と	ながながと	（長さや時間などが）非常に長く感じられること
下宿	げしゅく	お金を払って他人の家の部屋を借りて生活すること
やがて		
軒を連ねる	のきをつらねる	家がたくさん並んでいる様子
～だの～だの		～とか～とか
ローカル線	ローカルせん	地方を走る鉄道
屋根越しに	やねごしに	屋根を隔《へだ》ててすること
ひらけた［開けた］所	ひらけたところ	よく開発されている所
～やら～やら		～とか～とか
十字路	じゅうじろ	交差する道
行き交う	いきかう	人々が行ったり来たりする

密集	みっしゅう	狭いところに多くのものが隙間《すきま》なく集まること
空腹を覚える	くうふくをおぼえる	
腹を充たす	はらをみたす	
淡い旅情	あわいりょじょう	「淡い」は僅《わず》かな様子を示す
高校を卒る	こうこうをでる	高校を卒業する。「卒る」は当て字
若造	わかぞう	若い男を軽蔑して言う言葉
ひどく懐かしいものを覚える	ひどくなつかしいものをおぼえる	非常に懐かしいものを感じる
大袈裟	おおげさ	実際以上に大変なように見せかける様子
残酷	ざんこく	
或いは	あるいは	それとも。又は
切なさ	せつなさ	胸が締め付けられるようでたまらない様子
アレコレ思う	～おもって	あれやこれやといろいろ思う
煙草を喫み	たばこをのみ	煙草を吸う。「喫み」は当て字

単線	たんせん	鉄道で上りと下りの電車が一緒に使う線路
疎らに	まばらに	間《あいだ》がすいていて、少ないこと
散りばめて	ちりばめて	所々に存在する
ふと［不図］		何の予兆《よちょう》もなく突然
タン		（音を表現したもの）
蹴る	ける	
呟き	つぶやき	小さな声でひとりごとのようにいうこと

―本　文―

あの頃、僕は大学の四回生だった。

その夏、就職もほぼ決まった大学生活最後の夏期休暇を、僕は自転車旅行などに費《ついや》してみようと考えていた。

といって、そうした事の目的としてよく有りがちな日本一周だの何だのというヘンな志《こころざし》は僕に何も無かった。一周どころか半周する気も無かった。ただ休暇が始まって間も無い頃、下宿で一人退屈し切っている所に友人が訪ねて来て、そいつは毎年の様に自転車旅行なるものを敢行しては、どこまで本当だか知れない感動話を僕に聞かせる様な奴だったが、そいつが言うには、自分は故郷で就職しようと思っているので今年は自転車旅行を止《や》め、夏休み中故郷で色々な人と会う予定である、ついてはお前に自転車を貸すので、それで旅行してこい――と、どうしてそうなるのか分からないが、そいつは僕にそんな事を強制した。

「たまにはお前もそういう健康的な事をやらなくては駄目だ」と何やら保護者の様な事を言い、それから自分のこれまでの体験談などを、やっぱりどこまで本当なのだか分からないまま僕に滔々《とうとう》と述べた後で、「実は下に自転車と寝袋をすでに持って来ている、それで行ってこい、分かったな」と僕を見つめると、それで気が済んだのか、立ち上り帰って行くと翌日にはさっさと帰省してしまった。

下宿の庭に置かれた自転車をボンヤリと眺めながら、まァやってみるか、とそう思い、そして数日後、リュックに簡単なものを詰め込んで、僕はフラリと下宿を旅立った。

面倒になれば自転車だけ送り返せば良いとそんな風に考え、そして多分そうなるだろうと思いながらの出発でもあった。


だが、やってみると、それは思ったよりも快適で、なるほど、気分の良いものではあった。風を全身に受けながらボンヤリとペダルを漕ぐうち、夕方には二、三十キロ離れた郊外の町に着いた。急行の停まらぬ小さな私鉄の駅があり、その駅前で食事をとった後、夜は更に十数キロ程先の町へ行き、その大通りにバスターミナルを見つけては深夜のベンチで軽く睡眠をとったりした。

旅はそんな風に始まり、そして、そんな風に続いていった。

食事は、適当に目にとまった店ですまし、大きな通りに出さえすれば真夜中でも営業を続けるレストランがあった。

夜は、神社だの、駅の待合室だので寝袋にくるまって寝た。屋外に、それも一人で眠るといった経験はそれまでに無かったので、多少、不安めいたものも無いでは無かったが、まァ死ぬ事は無いだろう、とそうも考え、そしてやってみると、成程、死ぬ程の事は無く、冬さえなければこうして一生過ごすのも悪くない、などとヘンな事を一人空の下で考えたりしていた。

そうして、僕は、気ままに、そして無目的に、ただボンヤリとペダルを踏みつづけた。気の向くままに方向を定め、目にとまるままの風景に惹かれ、あても無く右に左に道を折れながら知らない町を幾つも過ぎた。

海に出れば、海を眺め、雨が降れば、雨を眺めた。

それは、旅行、というよりも、いわば、散歩に近いものだったろうと思う。

僕はもともとボンヤリ何かを考えたりしていると平気で十キロやそこらの距離を歩いてしまうタチで、いってみれば、それをただ泊りがけで長々とやっているだけの事なのだった。

そうして、下宿を出てから六日めか七日めぐらいの事だったと思う。いつからか僕の漕ぐ自転車は４７５号線を走っており、それを往くうちに、やがて僕はあの町に入っていった。

四十キロ制限の二車線の道路の両側に小さな商店が絶えることなく軒を連ね、その、だんご屋だの、旅館だのといった看板を眺めながら僕はペダルを踏みつづけた。

左手に海がひろがり、その海岸線をローカル線の鉄道が走っていた。商店の屋根越しに海を眺めたりしながらペダルを漕ぎつづけるうちに通りは次第に賑やかさを増し、人の往来も繁華なものとなっていった。駅が一つあった事を考えると、その辺りは、駅を中心とした、その町の中でも一番ひらけた所だったのかも知れない。喫茶店やらゲームセンターやらが駅前の十字路に密集しており、観光客らしき姿こそ無かったが、近くに高校でもあるのだろう、制服の、少年や少女達が、思い思いにそんな十字路を行き交っているのが見えた。丁度、昼時でもあり、僕は少しの空腹を覚えていたが、その時は腹を充たす事よりも、そうした風景の持つ淡い旅情の中に、ただ心を浸しつづけてみた。

僕はまだ二十二歳の、それこそ四年前に高校を卒《で》たばかりの若造ではあったが、行き交う学生達のそれぞれの制服に何かひどく懐かしいものを覚え、ましてや、恐らくもう二度と会う事も無い、その海辺の小さな町の少年や少女たち一人一人の、その人生、と言って大袈裟なら、その小さな毎日、小さな生活、そうしたものの中で、それぞれにある、幸福や、又幸福で無い事や、そんな事を一人勝手にアレコレ思っていると、何かひとの一生というものが、うつくしいような、残酷なような、或いはただ馬鹿馬鹿しいだけのもののような、そんなヘンな切なさを感じて、感じるまま、僕は、ただそこで何本も煙草を喫みつづけた。

単線の、小さな駅に、一時間に数本ほどかと思われる電車が幾度か着き、その度に、そこから人が疎《まば》らに降りたっては、その小さな町角に一つ一つの生活を散りばめていく——

誰ひとり知る人の居ない、そんな町角で、

(旅をしているんだな)

そんな事が、ふと思われた。

煙草を捨て、一つ背を伸ばし、僕は晴れわたった空に向けて、タン、と一つペダルを蹴った。

（いい夏だ）

とくに意味も無いそんな言葉を胸に呟きながら、僕は、旅を、またひとり走り始めた。

（辻内智貴『セイジ』筑摩書房より）

―練　習―

【1】本文にある指示語の意味を確認してください。

①そうした事の目的（76ページ・4行目）
②そんな事（76ページ・10行目）
③そうなるだろう（77ページ・4行目）
④それ（77ページ・6行目）
⑤それまで（77ページ・14行目）
⑥それを（78ページ・8行目）
⑦それを（78ページ・10行目）
⑧その辺り（78ページ・15行目）
⑨そうしたもの（79ページ・9行目）
⑩そこから（79ページ・13行目）

【2】本文にある――の意味、および①・②と③の意味の違いを確認してください。

①夜は神社だの、駅の待合室だので寝袋にくるまって寝た（77ページ・13行目）
②だんご屋だの、旅館だのといった看板（78ページ・11〜12行目）
③喫茶店やらゲームセンターやらが駅前の十字路に密集しており（79ページ・1〜2行目）

【3】（　　）の中に入る適当な言葉を、［　　］の中から選んで書いてください。

①家の近くにお菓子屋さんが出来たので、（　　　　）行ってみました。
②この辺りは、（　　　　）海であったところを埋《う》め立てて出来た土地です。
③彼は、「時間がないんだから、言いたいことは（　　　　）教えてくれ」と言いました。
④遠くに富士山が（　　　　）霞《かす》んでみえます。
⑤昨日は酔《よ》った田中さんから（　　　　）話を聞かされて、嫌になってしまいました。

［　さっさと　　フラリと　　ボンヤリと　　もともと　　長々と　］

【4】次の語を使って、文を作ってください。

①～どころか

②～さえすれば

③～だの～だの

④思い思いの

⑤まして（や）

第七課　私の歩んだ道

ノーベル化学賞の発想

白川《しらかわ》英樹《ひでき》

―ことば―

歩む	あゆむ	一歩ずつ歩いていく
化学賞	かがくしょう	
発想	はっそう	考えつくこと。思いつくこと

将来の希望

将来	しょうらい	これから先。近い将来
希望	きぼう	
高校	こうこう	
卒業	そつぎょう	

出来る事なら	できることなら	できれば。できるなら
物理	ぶつり	力、熱、光などの働きを研究する学問
研究	けんきゅう	
プラスチック		plastic（英）
欠点	けってん	
取りのぞく	とりのぞく	取って別にする。取ってなくする
作り出す	つくりだす	初めて作る。新しく作る
ナイロン		nylon（英）
くつ［靴］下	くつした	
ビニール		vinyl（英）
ふろしき［風呂敷］		物を包んで持ち運ぶために使う四角い布
等	など（とう）	
弁当	べんとう	
伸びる［のびる］		長さが長くなる

非常に　ひじょうに
熱　ねつ
弱い　よわい
安価　あんか
喜ばれる　よろこばれる　（「喜ぶ」の受身形）
日常品　にちじょうひん
方面　ほうめん
利用する　りようする
僕　ぼく　（男性言葉。相手が自分と同等かそれより下になる場合に使う）
以上　いじょう
最初の記憶
最初　さいしょ

記憶	きおく	
さかのぼる［遡る］		過去に返る。「逆《さか》さ＋上る」が省略された形
家庭	かてい	
団欒	だんらん	親しい者同士が楽しく集まること
ひととき［一時］		少しの間、しばらくの間
昔話	むかしばなし	
改めて	あらためて	新しくして。新しくもう一度
取り込む	とりこむ	ここでは、取って中に入れること
判断する	はんだんする	
風景	ふうけい	見た目に快《こころよ》い自然の眺め
昭和	しょうわ	
東京	とうきょう	
台湾	たいわん	
神戸	こうべ	

汽船	きせん	蒸気機関《じょうききかん》を動力として進む大型船。「蒸気船」の省略形
かすか［微か］		消えるか消えないか分からないぐらい僅（わず）かに
桟橋	さんばし	舟を横着けにする港内（こうない）の設備
艀	はしけ	陸と本船の間を行き来する小舟。「はしけぶね」とも
乗り込む	のりこむ	しっかりと乗る
パーッと		はっきり広く
開ける	ひらける	
よほど［余程］		かなり。相当。「良《よ》き＋程」が省略された形
印象	いんしょう	
残る	のこる	
当然	とうぜん	
なんにも［何にも］		（「何《なに》も」の話し言葉）
ともかく		とにかく

距離	きょり	
ようやっと		ようやく
年ごろ［年頃］	としごろ	およその年齢。大体の年齢
母	はは	
おぶさる［負ぶさる］		背負《せお》われる
景色	けしき	そこに存在する自然の眺め
人波	ひとなみ	
肩越し	かたごし	肩を越したところ
いまだに［未だに］		今でもまだ。今でも尚《なお》
思いがけない	おもいがけない	
はっとする		瞬間的《しゅんかんてき》に自分自身に返る様子
原体験	げんたいけん	
思い込む	おもいこむ	深く信じる。深く思う

振る舞う	ふるまう	1. 人前で（目立つ）動作（どうさ）をする 2. 客に御《ご》馳《ち》走《そう》する。ここでは2
冷蔵庫	れいぞうこ	
用事をする	ようじをする	
といっても		というけれども
段	だん	
冷気	れいき	
式	しき	
留守	るす	
近所	きんじょ	
出来事	できごと	実際に起きた事柄《ことがら》
だんだん［段々］		ゆっくり確実に。一つ一つ

自然の中で

一家	いっか	
渡る	わたる	
飛騨	ひだ	現在の岐阜県北部に当たる岐阜県の旧国名の一つ。山が襞《ひだ》状に続いていることからこの名が付けられたと言われ、豪雪地帯として有名
高山	たかやま	飛騨地方の中心都市
落ち着く	おちつく	ここでは、定住する、住まいを定めて居着（いつ）くこと
終戦	しゅうせん	
前年	ぜんねん	
軍医	ぐんい	
親しむ	したしむ	隔《へだ》てなく仲良くする
戸外	こがい	読み方注意
野草	やそう	

昆虫	こんちゅう	
採る	とる	
採集	さいしゅう	
皮	かわ	
潜む	ひそむ	外に現れずに中に隠れている
山中	さんちゅう	
夢中	むちゅう	熱中して自分を忘れること
気になる	きになる	心配になる
虫	むし	
そうこうする		そのようにする
身［み］にし［染］みる		
行［い］きはよいよい		「通りゃんせ」という童謡の中にある歌詞で、神社にお参りする行きの道は良いが帰り道は怖いという歌
帰［かえ］りは怖［こわ］い		詞の内容を例えたもの

まさに［正に］		本当に。予想通り
びちょびちょ		絞（しぼ）れるほどに濡れた様子。「びしょびしょ」で多用
滲みる	しみる	液体が物の中まではいりこむ
情けない	なさけない	見ていられないほど可哀想なこと。あまりにも恥ずかしいこと
やっぱり		
あるいは［或いは］		又は。書き言葉で多用
温かい		あたたかい
こたつ［炬燵］		上から布団《ふとん》で覆う暖房器具
とぼとぼ		元気なく寂し気に歩く様子
身体	からだ	「しんたい」とも
血行	けっこう	
かゆい［痒い］		掻《か》きたくなるような感じ

具合　ぐあい

十分　じゅうぶん　「充分」とも

懲りる　こりる　苦《にが》い経験をすることによって考えを改める

無我夢中　むがむちゅう　自分を忘れて行動する

探す　さがす　動き回って見つけようとする

単調　たんちょう　展開が単純で変化が少ない様子

道すがら　みちすがら　道を行きながら

おしゃべり［お喋り］　あれこれ色々と話すこと

楽しむ　たのしむ　それをすることによって楽しい感じを持つ

—本　文—

将来の希望

高校を卒業出来たら、出来る事なら大学へ入って、化学や物理の研究をしたい。それは現在できているプラスチックを研究して、今までのプラスチックの欠点を取りのぞいたり、色々《いろいろ》新しいプラスチックを作り出したい。現在ナイロンのくつ下や、ビニールのふろしき等が出来ているが、あつい弁当をつゝむと、のびたままもとにもどらない。非常に熱に弱い、これも一つの欠点である。これらの欠点をのぞき、安価に作れるようになったら、社会の人々にどんなに喜ばれる事だろう。日常品のあらゆる方面に利用されるだろう。僕は以上の事を将来の希望としたい。

（高山市立第二中学校第五回卒業記念文集『みちしるべ』所載）

最初の記憶

みなさん、自分がもっている記憶を、何歳くらいまでさかのぼることができますか。いちばん最初の記憶は、なんですか。

家庭での団欒《だんらん》のひとときを、昔話をして過ごすこともあると思います。そういうときに、忘れていたことを思い出したり、話されたことを改めて記憶に取り込む場合もありますから、なにがいちばん最初の記憶か、というのは、なかなか判断するのがむずかしいかもしれません。

さて、私にとって最初の記憶はなんなのかな、と考えてみると、それは、海の風景なんです。私は昭和十一（一九三六）年に東京で生まれて、父の仕事の関係で、小さいときに台湾に行きました。神戸から汽船に乗って台湾に行った、そのときのことを、とてもかすかなんだけれども、覚えている。桟橋《さんばし》から艀《はしけ》に乗り込んで、桟橋を過ぎたとたんに、パーッと海が開けてきた。それがよほど強く印象に残ったのでしょう。

船に乗ろうとしているわけですから、当然、それより前に大きな船を見ているはずなのですが、それはなんにも覚えていなくて、記憶としていまでも残っているのは、ともかく海が見えた、ということなんです。

まだ、長い距離をようやっと歩けるどうか、というくらいの年ごろですから、手を引かれていたのではなくて、母におぶさっていたのでしょう。そういう海の景色が、人波の肩越しに見えた。いまだに、ときどき、思いがけなく急に海が見えると、はっとすることがあります。

台湾にいたのは三歳から四歳くらいのときでしたから、いまお話しした私のいちばんの原体験は、たぶん三歳くらいのときのことだったのでしょう。

そのほかに、本人は全然記憶に残ってないのだけれども、家族に言われて、そういうことがあったんだと、思い込まされることもあります。みなさんも、身に覚えのないことを両親や兄さんや姉さんに聞かされて、そうか、そんなこともあったんだ、と思ったことはありませんか。私の場合、自分では全然覚えていないのだけど、おすしを友だちに振る舞ってしまったことがあったのだそうです。

どういうことかというと、母がある日、おすしをつくり、冷蔵庫にしまって、また外に出て用事をしていた。冷蔵庫といっても、いまのような電気冷蔵庫ではありません。上の段に氷を入れて、その冷気で下の段を冷やす式のものですが、そのなかに、おすしを入れておいた。

そうしたら私は、母が留守のあいだに、近所の友だちをみんな集めてきて、おすしを全部、食べちゃったらしいんです。ほんとうに自分では、まったく覚えていないのですが、家族から、何回も何回も、同じことを言われる。これは台湾にいた三歳か四歳、まだ五歳にはなっていないころのことだろうと思います。

覚えている出来事がだんだん多くなってくるのは、このくらいの年格好《としかっこう》からでしょうか。

自然の中で

その後、私たちの一家は、旧満州《まんしゅう》（中国東北部）に渡り、そのなかであちこち引っ越しをして、母と、兄・姉・私・弟・妹の五人の子供たちが、母の故郷でもある飛騨《ひだ》の高山《たかやま》（岐阜《ぎふ》県高山市）に落ち着いたのは、終戦の前年、昭和十九（一九四四）年でした。父はまだ軍医としてビルマ（現ミャンマー）あたりにいました。

私は小学校三年生で、自然に親しむようになったのは、このころからです。戸外に出て、野草を見たり、昆虫《こんちゅう》を採ったり、山を歩いたりして、学校に行っている以外の時間を、自由に過ごしました。

ものの本によると、昆虫採集は、春夏秋だけではなくて、冬でもできる。そう書いてあります。冬には、木の皮の下とか、雪の下とか、いろいろなところに虫が潜《ひそ》んでいる。それを採集するチャンスである、などと書いてあれば、それじゃ、行ってみよう、ということになる。

最近はどうか分かりませんが、私が子供だったころの高山は、雪が深かった。その雪の山中を歩き回るのです。最初は夢中ですから、寒さは全然気にならない。虫なんかがいると喜んで、それを採って歩くのです。

そうこうしているうちに、だんだん暗くなるし、おなかもすくし、寒さも身にしみてくる。行きはよいよい帰りは怖いというのはまさにそのとおりで、長靴《ながぐつ》に雪が入って、溶《と》けてびちょびちょになって、それが足に滲《し》みてくる。

ほんとうに情けない状態です。しかし、そんな、情けないなかで、やっぱりなにか考えている。なにを考えているかというと、たとえば、時間とはどんなものなんだろう、とか。あるいは、いま、ぼくは歩いているけれど、歩く速さは限られている。でも、もし、歩くのではなくて、光の速さでうちに帰ることができたら、あっという間に温かいこたつに入ることができるのにな、とか。

そんなことを考えながらとぼとぼ歩いて、やっとのことでうちに帰り着きます。家に着いて身体が温かくなると、今度は、急に血行のよくなった足がかゆくてかゆくてしようがなくなるんです。

と、こんな具合に、もう十分懲《こ》りたはずなのに、一週間くらいたつと、また出かけていく……。山に入って虫を採っているときは、さっきも話しましたように、無我夢中でなにも考えていません。ただ、虫を探すだけです。でも、そこへ行くまで、あるいはそこから帰るときの、結構単調な道すがらには、友だちといろいろなおしゃべりを楽しむことができました。

（白川英樹『私の歩んだ道―ノーベル化学賞の発想―』朝日新聞出版より）

―練　習―

【1】（　　　）の中に入る適当な言葉を、［　　　］の中から選んで書いてください。

①来日して三ヵ月が過ぎ、日本の生活にも（　　　　　）慣れて来ました。
②中学生時代、クラブ活動が終わってから、一人寂しく懐中電灯をつけながら夜道を（　　　）歩いたことがあります。
③この前、道を歩いていて車にひかれそうになったので（　　　　）しました。
④雨上がりのベンチの上にうっかり腰掛けて、ズボンが（　　　　）になってしまいました。

［　はっと　　だんだん　　びちょびちょ　　とぼとぼ　］

【2】（　　　）の中から適当なものを一つ選んでください。

①一歳になる友達の子供が最近（1．歩き　2．歩み）始めました。

②人生は長いですから、慌てずにゆっくりと（1．歩き　2．歩み）たいものです。
③都心の高いビルから眺めた（1．景色　2．風景）は、家ばかりでした。
④スパセットさんは（1．景色　2．風景）画を描くのが趣味です。
⑤今日は朝から頭が重いです。どうやら風邪を引いた（1．よう　2．らしい）です。
⑥田中さんは今日は体の調子がいい（1．ようで　2．らしく）、終始よく動きます。
⑦昨日、部屋でコンタクトレンズを落として、部屋中を（1．探し　2．探り）回りました。
⑧恋人の本心を（1．探して　2．探って）みます。

【3】次の語を使って、文を作ってください。

①いまだに

②～といっても

③ともかく

④まさに

⑤あるいは

第八課

不調のときの神頼み

池内《いけうち》　了《さとる》

―ことば―

不調	ふちょう	調子が悪いこと
神頼み	かみだのみ	神にお願いすること
人生	じんせい	
山	やま	
谷	たに	
いずれ		
たとえ〜でも（ても）		
慌てる	あわてる	非常に急ぐ。即座《そくざ》にするべきことが分からなくてどうしようか迷う

自然	しぜん	
成り行き	なりゆき	移って行く過程。移って行く様子
脱する	だっする	
～ておれば		「～ていれば」。謙譲語
迎える	むかえる	「向き＋合える」が省略された形
泰然	たいぜん	落ち着いていて動じない様子
ところが		
楽観的	らっかんてき	
落ち込む	おちこむ	
追い詰める	おいつめる	逃げる場所のない所まで追う
つい		ここでは、よくないとわかっていながら我慢できずに
神	かみ	
頼る	たよる	精神的に頼みにする。（「手《タ》＋寄る」が省略された形）
藁	わら	

藁にもすがりたい		藁にもつかまってお願いしたい。「すがる」は、「つかまる」・「繋がる」が変化した形
追い込む	おいこむ	後ろから追い入れる
やがて		近い将来
時期	じき	
頼む	たのむ	実際の力になるようにお願いする。「タ＋祈《の》む」が省略された形
お陰	おかげ	「お蔭」とも表記
信じ込む	しんじこむ	
怪し気	あやしげ	
宗教	しゅうきょう	
つけ目	つけめ	機会をうまく利用する点。目を付けるべきところ
皮肉	ひにく	（物事の結果が）意地悪く感じられること
必ず	かならず	「仮＋ならず」が省略された形

効き目	ききめ	
好調	こうちょう	
戻る	もどる	
焦る	あせる	心が早まり心配する
いかにも		
幸運	こううん	
訪れる	おとずれる	時機が来る。「音《おと》連《づ》れ」が変化した形。文章語
誤解	ごかい	
占い	うらない	人の運を予想すること
ジンクス		同じような場面で決まってそうなると思われていること。jinx（米）
囚われる	とらわれる	「捕らわれる」とも表記
幸運グッズ	こううんグッズ	
心理	しんり	

読み解く	よみとく	
ほんの		
達人	たつじん	物事を見通すことのできるすぐれた人
小銭	こぜに	
感謝	かんしゃ	
引き締める	ひきしめる	緊張させる。心の緩みをなくす
鉄則	てっそく	
かく		文語。このように。こう
だとて		文語。だとしても。だって

―本　文―

人生は山あり谷ありだから、山があればいずれ谷が来るし、谷があればいずれ山が来る。たとえ谷に落ち込んでも慌てず、自然の成り行きとして谷を脱することができるだろうと、時を待っておればやがて山を迎えることができる。泰然としていればいいのである。

ところが、人はそう楽観的に生きることができない。谷に落ち込むと追い詰められた気分になって、つい神に頼りたくなる。藁にもすがりたい気持ちに追い込まれるのだ。やがて、時の流れとともに、谷の時期が去って山の時期がやってくるのだが、それを頼んだ神のお陰だと信じ込んでしまうことになる。そこが、怪し気な宗教のつけ目なのである。

皮肉な言い方をすれば、不調のときの神頼みは必ず効き目があるのだ。人は、好調のときは神頼みせず、不調のときに神に頼ろうとする。何もせずにいても、そのうちに不調は去って好調が戻ってくるのだが、焦って神に頼ってしまうのだ。そして好調が戻ると、いかにも神に頼んだから幸運が訪れたと誤解してしまう。人が宗教や占いやジンクスに囚われるのは、このような誤解のためである。その意味では、幸運グッズを考え出した人間は、人の心理を読み解く達人であったというべきだろう。ほんの小銭で幸運が買えたと誤解し感謝までしてくれるのだから。

好調のときはやがて不調も来ると心を引き締め、不調のときはいずれ好調が戻ってくると楽観的に生きる、それが山あり谷ありの人生の鉄則ではないだろうか。かく言う私だとて、言うは易し、行うは難し、なのだけれど。

（池内　了『不調のときの神頼み〈あすへの話題〉日本経済新聞夕刊より）

—練　習—

【1】次にある諺の意味を、具体的に分かりやすく説明してください。

①人生は山あり谷あり

②言うは易し、行うは難し

③藁にもすがりたい

【2】（　　）にある言葉の中から適当なものを一つ選んでください。

①アルンシーさんは、自分の小さい子供を国の両親に（頼って・頼んで）、日本に留学に来ました。
②先進国の発電は、かなりの部分を原子力に（頼って・頼んで）います。
③山賀先生は優しくて、私達が（頼む・頼る）ことをいつもきちんと引き受けてくれます。
④周りの木々が青くなって、春の（訪れ・訪ね）を感じさせます。
⑤今、世界の国々は、様々な問題を（抱《いだ》い・抱《だ》い・抱《かか》え）ています。
⑥北海道大学の創立者であるクラークは、「少年よ、大志を（抱《いだ》け・抱《だ》け・抱《かか》えろ）」と言いました。
⑦お母さんの腕に（抱《いだ》かれ・抱《だ》かれ・抱《かか》えられ）て、赤ちゃんは幸せそうです。

【3】次の語を使って、文を作ってください。

①たとえ〜ても

②やがて

③ところが

④いかにも

⑤ほんの

第九課　鞄

千《せん》 宗室《そうしつ》

―ことば―

鞄	かばん	
裏千家	うらせんけ	茶道の流派の一つ。千利休《せんのりきゅう》の孫宗旦《そうだん》の四男仙叟《せんそう》が千利休の茶道を伝承・普及させたことに始まる
バブル		1980年代から1990年代初頭にかけてみられた、主に円高、地価高騰による好景気現象。すぐに壊れるという揶揄《やゆ》を込めて「bubble（泡）」と名付けられた。「バブル景気」、「平成景気」とも言う
セカンドバッグ		Second bag（英）
抱える	かかえる	負担となるものを持つ。「掻《か》き＋合える」が省略された形

目に付く	めにつく	目立って見える、注意を引く
財布	さいふ	
手帳	てちょう	
名刺入れ	めいしいれ	
その他	た／ほか	(「そのた」が多用される読み方)
日頃	ひごろ	いつも。普段（ふだん）。文書語
背広	せびろ	常用語「スーツ（suit（英））」
ポケット		pocket（英）
パンパンに		
膨らませる	ふくらませる	
物共	ものども	「共」は複数を示し、見下す意味を表す
軽量化	けいりょうか	軽くしていくこと
信じる	しんじる	
武骨な	ぶこつな	洗練《せんれん》されていない格好であること

姿	すがた	「素直な形」が省略された形
レンガ［煉瓦］		
程	ほど	
携帯電話	けいたいでんわ	
収める	おさめる	片付けて元通りにする
物	もの	
入れる	いれる	
瀟洒な	しょうしゃな	洗練されていてすっきりしている様子。文章語
原型	げんけい	
とどめぬ［留めぬ］		とどめない。文章語
有［り］様	ありさま	見た目の物事の状態。多く悪い意味で使用
嗜好	しこう	（飲食物の）好《この》み
千差万別	せんさばんべつ	多くのものに様々な違いがあること
抱え込む	かかえこむ	抱えて入れる

趣味	しゅみ	
アタッシュケース		サラリーマンが持ち歩く薄い箱型のかばん（attache case）
か［掻］き抱く	かきいだく	腕に引き寄せてしっかり抱く。文章語
好む	このむ	
あたかも［恰も］		まるで。文章語。「当たりかも」が変化した形
ゆえ［故］		～のために。～が原因で。文章語
道行く	みちゆく	
泥棒	どろぼう	
怯える	おびえる	（既に経験したことがもとになって）恐れてびくびくする
当人	とうにん	その時起きた事に関わっている人。文章語
かっぱらい		隙をねらって物を盗む者
とにもかくにも［兎にも角にも］		何にしても。文章語（＝「ともかく」）。話し言葉「とにかく」）

尋常	じんじょう	当たり前。一般。文章語
ならざる		「〜ざる」は否定を表す（「ず＋ある」が変化した形）
佇まい	たたずまい	じっと静止している様子・姿。文章語。「立ち＋住み」が変化した形
大抵	たいてい	大部分
スタイル		style（英）
て［手］		ここでは、実際の物
似通う	にかよう	お互いに似る
気になる	きになる	心配になる
どうにも		どのようにも
たまたま［偶々］		偶然に。思いがけなく
夕	ゆう	「夕方」の文章語
銀座	ぎんざ	新宿、渋谷、六本木などと並ぶ東京の一大繁華街

並木通り	なみきどおり	銀座の中央通りと外堀通りに挟まれたところにある高級店が多く立ち並ぶ通り
知人	ちじん	お互いに知り合っている人
待ち合わす	まちあわす	「待ち合わせる」の変化した形
ぼんやり		注意が集中せずに気が抜ける様子
出勤	しゅっきん	
思われる	おもわれる	
着物姿	きものすがた	
女性達	じょせいたち	
小ぶり	こぶり	「ぶり」は「やや」を示す
クラッチバッグ		clutch bag（英）
胸元	むなもと	（読み方注意）
辺り	あたり	
小走り	こばしり	小股《こまた》で急いで歩くこと

通り過ぎる	とおりすぎる	ある場所を通って更に先へ行く
醜い	みにくい	見ていて嫌な感じである。「見にくい」に別漢字を宛てたもの
もどき［擬］		あるものに似せて作ったもの
雲泥の差	うんでいのさ	雲と泥ほども違う大変な差
暫く	しばらく	
洒落る	しゃれる	
には		「ためには」が省略された言葉
似合う	にあう	釣り合う。調和が取れる

―本　文―

バブルの頃からセカンドバッグを抱える男子の姿が目に付くようになった。財布や手帳に名刺入れ、その他、日頃背広のポケットをパンパンに膨らませていた物共が、今の軽量化が信じられぬほど武骨な姿だったレンガ一個程の大きさの〝携帯電話〟と共にその中に収められる。それだけの物が入れられるのだから、瀟洒《しょうしゃ》なバッグも原型をとどめぬ有り様なのが涙を誘った。

人間の嗜好《しこう》は千差万別。中にはなんでも抱え込むのが趣味という人だっているだろう。だから、例えばアタッシュケースのような手で持つところの付いた鞄《かばん》でもかき抱くことを好む人がいるかもしれない。しかし、それはあたかも、大金を銀行から下ろしたばかりゆえ、道行く人は皆泥棒では、と怯《おび》えているふうに見えはしないか。場合によっては、抱えている当人その人こそただのかっぱらいのように見えるかもしれない。とにもかくにも、そのどちらにしても尋常ならざる佇《たたず》まいなのである。

大抵のセカンドバッグは抱えるスタイルだ。だからそのてのものを持つ男は誰もが同じような姿勢になる。それは何かの姿に似通っていると気になっていたが、どうにも思い出せなかった。たまたまそんなある夕、銀座の並木通りで知人と待ち合わすことがあった。ぼんやりと立つ私の横を、これから出勤と思われる着物姿の女性達が、小ぶりなクラッチバッグでその胸元辺りを押さえ、小走りに通り過ぎていく。醜く膨れ上がった鞄もどきのものを両手で抱え込む私とは雲泥の差である。それから暫《しばら》くして私はセカンドバッグを持たなくなった。洒落《しゃれ》た鞄を持つにはそれに似合った使い方をしてやらなくては、と思ったからである。

（千宗室『鞄〈あすへの話題〉』日本経済新聞夕刊より）

―練　習―

【1】次にある「の」の持つ意味を、別の言葉で言い換えてください。

①「それだけのものが入れられるのだから」（120ページ・3〜4行目）

②「瀟洒なバッグも原型をとどめぬ有り様なのが涙を誘った」（120ページ・4行目）

③「中にはなんでも抱え込むのが趣味という人だっているだろう」（120ページ・5行目）

④「手で持つところの付いた鞄」（120ページ・6行目）

【2】次の文章の（　　）にひらがな一字を書き入れてください。

①日本からアフリカに行く（　　）（　　）、普通は他の国のどこかの都市で乗り換えが必要です。

②最近の都市には茶髪（　　）ルーズ・ソックスという若い女の子の姿（　　）目に付きます。

③「わかる」ことと出来ること（　　）（　　）雲泥の差です。

④日本人は元来肉より魚（　　）好んで食べて来た民族です。

⑤今日、川原さんはどうして機嫌が悪かったのだろう（　　　）気になりました。

【3】（　　　）の中から適当なものを一つ選んでください。

①電車の中で、よく見て（1．見ぬ　2．見ず）ふりをする人がいます。
②（1．知らぬ知らぬ　2．知らず知らず）のうちに、日本語で会話が出来るようになりました。
③新治《しんじ》は、分かったような（1．分からぬ　2．分からず）ような顔をしていました。
④飯塚《いいづか》君は気難しくて、回りにいる人から（1．分からぬ　2．分からず）屋と言われています。
⑤今日はこれから家へは（1．帰らぬ　2．帰らず）、空港へ友人を迎えに行きます。

【4】次の語を使って、文を作ってください。

①パンパン

②あたかも

③どうにも

④ぼんやり

⑤気になる

第十課　わが子に伝える「絶対語感」

外山滋比古《とやましげひこ》

―ことば―

戦後	せんご	第二次世界大戦後
いたるところ［至るところ］		どこもかしこも。行くところのすべて
腰をおろす	こしをおろす	座る
無理もないこと	むりもないこと	尤《もっと》もなこと
なにしろ［何しろ］		とにかく。なんにしても（他は別にして、これだけは強調したいという気持ちを表す）
ロクに		十分に。満足に。よく
ところかまわず		場所を問題としないで。どこでもかまわずに
奇異に	きい	普通と異なって、怪しく不思議なこと

いぶかる［訝る］		様子がはっきりしないで、怪しく思う
証拠	しょうこ	事実の確実な証明になる信用すべき材料
気候の厳しい	きこうのきびしい	寒さや暑さがひどい
すくなくとも［少なくとも］		いくら少なく考えても
活字を読む	かつじをよむ	本や雑誌を読む
東海地方	とうかいちほう	静岡、愛知、三重、岐阜県などの地方を指す
日本海側	にほんかいがわ	アジア大陸と日本列島の間にある海に面した地域
びっくりするほど		驚くほど
しばらく［暫く］の間	しばらくのあいだ	少しの間
好んでいた	このんでいた	そのものを好きだと感じて、積極的に求める
このごろ［この頃］		近頃
嘆く	なげく	悲しく思う。残念だと思う
娯楽	ごらく	人の心を楽しませる物事
別に	べつに	これといって特に

かつての		以前の。昔の
いったい［一体］		（疑問の意味を強く表す）本当に
おそらく		多分《たぶん》
ところどころで		あちらこちらで
聞き流していればいい	ききながしていればいい	聞いていても心にとめなくていい
楽な	らくな	やさしい。簡単
見はじ［始］めたら	みはじめたら	見ることをはじめたら
面倒	めんどう	するのが大変なこと。煩わしいこと
とても読んではいられない	とてもよんではいられない	とうてい読むことができない
絶対語感	ぜったいごかん	「絶対音感」（音の高さを他のものとの比較によらずに認識する能力）から派生した言葉で、言葉を何度も何度も繰り返し聞くことで習得する言葉で、その人にとっての言葉の基本。言葉を使うすべての人が、無意識に持っている言葉の決まり

耳のことば	みみのことば	耳からきいて習得する言葉
すでに［既に］		もう。以前から
母乳語	ぼにゅうご	母親がたくさん話すことで、子供が何度も何度も繰り返し聞いているうちに、少しずつ覚えていく、初めての言葉
離乳語	りにゅうご	目に見えない、抽象的な物事を表す言葉。抽象的な言葉の使い方をする。豊かな嘘を作り出しながら、想像力を広げ、頭の働きをよくする作用がある
目のことば	めのことば	目で文字を見ることによって得る言葉
同様	どうよう	同じ様子であること
適切	てきせつ	よく適合していること
きちんとした		正確に。基準に合致している
養っておかなければ	やしなっておかなければ	だんだんに作り上げなければ
すくなからず［少なからず］		少なくなく。無視することのできない数量や程度であることを表す。文章語

影響を及ぼす	えいきょうをおよぼす	他に作用が及んで、反応・変化が表れる
充分	じゅうぶん	物事が満ち足りて、不足や欠点のない
まったく違う	まったくちがう	全然違う
知的能力	ちてきのうりょく	知識や知性に関する働き
翼を広げる	つばさをひろげる	鳥が羽にあたる前足を広げた様子から、広く手を広げ、何かを広くすることを表す
扉を開く	とびらをひらく	物事の入り口を開く意味から、その物事が開《あ》け放《はな》たれることを表す

―本　文―

戦後、日本へ来たアメリカ人が、日本人を見ておどろいたことが、二つあるといいます。ひとつには、いたるところで、腰をおろしている。どうして立っていられないのか、というのです。それは、日本人としては、無理もないことでありました。なにしろ、食べるものがロクになかったのです。立っていたくても、立っていられるものではありません。それで、ところかまわず腰をおろしていたのです。

もうひとつ、アメリカ人が奇異に感じたのは、乗り物に乗っている人が、みんな本を読んでいるというのです。どうして、日本人はそんなに読書が好きなのかと、いぶかったということです。これも、理由ははっきりしています。ほかに楽しみ、することがないから、本や雑誌を読んでいるのです。その証拠に、日本でも気候の厳しい地方ほど、読書する人が多いといわれます。すくなくとも、活字《かつじ》を読む人が多いのは、確かでしょう。東海地方などの暖かい地域にくらべて、日本海側の寒いところには、どこの町でもびっくりするほど大きな書店があります。本が好きで読んでいたのではなく、ほかの楽しみがなくて、読んでいたのです。すくなくとも、戦後しばらくの間は、そうした理由から、日本人は読書を好んでいたのでしょう。

このごろは、本が読まれなくなったといって、嘆く声をよく聞きます。これだけ娯楽が多くなってくると、本を読むことが楽しみだと考えるような人間は、すくなくなってもおかしくないでしょう。学生などが勉強のために本を読むことさえ、すくなくなってしまったようです。

大学生に聞いたところでは、学校以外では、本をまったく読まないという学生は、別に珍しくもないといいます。読むとすれば、漫画やコミック本だといいます。つまり、絵のついた本しか、読まれなくなっているというのです。かつての本好きな日本人は、いったいどこへ行ってしまったのでしょうか。

その多くは、おそらく、テレビに吸い込まれて、消えてしまったのです。テレビは、動く絵本のようなものです。何も考えなくても、見ていればわかります。ところどころでむずかしいことばなどが出てきても、聞き流していればいいから、楽なものです。テレビを見はじめたら、本などは面倒で、むずかしくて、とても読んではいられないということになるでしょう。

こどもの絶対語感は、耳のことばが基本になっていることはすでにお話ししましたが、母乳語、離乳語を習得したあとは、もちろん目のことば、つまり文字によることばの習得が、必要となります。耳のことば同様、目のことばに関しても、適切な時期にきちんとした絶対語感を養っておかなければ、おとなになってからの読書にすくなからず影響を及ぼします。漫画やコミック本以外は本を読まないという学生は、目のことばの絶対語感が充分養われることなく成長してしまっているのかもしれません。

読むことは、ただ字が読めることとはまったく違うのです。耳のことばの教育が、こどもの知的能力の翼を大きく広げるのと同じように、目のことばの教育も、こどもの知的世界の扉を大きく開くものなのです。

（外山滋比古『わが子に伝える「絶対語感」—頭の良い子に育てる日本語の話し方』飛鳥新社より）

―練　習―

【1】「読む」という言葉を適当な形にして（　　　　）の中に入れてください。

《例》私はこの本を（　読んで　）いたところです。

①寒い地方ほど活字を（　　　　）人が多いといわれている。
②このごろの若者は本を（　　　　）なくなったと思う。
③このごろは本が（　　　　）なくなったといわれている。
④私の趣味は音楽を聞いたり、本を（　　　　）だりすることです。
⑤学校以外では、本をまったく（　　　　）ないという大学生が多い。
⑥何かを（　　　　）とすれば、漫画やコミック本が多い。
⑦本はテレビよりむずかしくて、とても（　　　　）はいられない。
⑧（　　　　）ことは、ただ字が（　　　　）こととは違う。
⑨勉強のために本を（　　　　）ことさえ、すくなくなってしまった。
⑩新聞を（　　　　）ながら、ご飯を食べないでください。

【2】次の文章の（　）にひらがな一字を書き入れてください。

①日本（　）来たアメリカ人（　）、日本人（　）見ておどろいたこと（　）、二つある。

②食べるもの（　）なかった時代なので、日本人（　）立っていられない（　）も無理（　）ないことでした。

③日本人（　）ほかに楽しみ（　）すること（　）ないから、読書（　）好んでいた（　）考えられる。

④適切（　）時期（　）一生懸命勉強（　）しなけれ（　）、おとな（　）なってから（　）生活（　）、すくなから（　）影響（　）及ぼすだろう。

⑤ことばは、耳（　）習得したあとに、目（　）も習得する、つまり文字（　）よることば（　）習得（　）必要（　）なる。

⑥気候（　）厳しい地方で（　）、暖かい地域（　）くらべて、どこ（　）町で（　）大きな書店（　）あります。

【3】次の語を使って、文を作ってください。

①いたるところで

②ところかまわず

③すでに

④まったく～ない

⑤とても～はいられない

第十一課　博士の愛した数式

小川洋子《おがわようこ》

―ことば―

ようやく		やっと
嘘	うそ	
お日さま	おひさま	太陽
深呼吸	しんこきゅう	深く息を吸《す》ったり吐《は》いたりする
安楽椅子	あんらくいす	
生返事	なまへんじ	いい加減な返事
ぶらぶら		
散髪屋さん	さんぱつやさん	髪を切ったり髭《ひげ》を剃《そ》ったりするところ
老眼鏡	ろうがんきょう	

上目遣い	うわめづかい	（すわっている）下から上を見る
面倒	めんどう	手間が掛かること
見やる	みやる	遠くの方にあるものを見ようとして目をそちらに向ける
桜	さくら	
花水木	はなみずき	花の名前
ほころぶ	［綻ぶ］	花が開こうとする状態
散髪する	さんぱつ	髪の毛を切る
血の巡り	ちのめぐり	血流
アイデア		何かをしようとするときの考え。idea（英）
ルート		1．数学の√《ルート》記号。root（英） 2．通り道。route（英）
手入れ	ていれ	現状に手を加えて、よい状態に整える
男前	おとこまえ	男の中の男。かっこいいこと。ハンサムなこと

くだらない		真面目に話を取り上げるだけの価値がない
へ理屈を並べる	へりくつをならべる	自分のためだけの無理な言い訳、理由
強引	ごういん	反対や障害を振り切って無理に行う様子
押し切る	おしきる	自分がしようと思ったことを抵抗を排除して行う
渋々	しぶしぶ	やりたくないが、嫌々やる様子
下駄箱	げたばこ	家の入り口にある靴を入れておく棚
うっすら		少し。「薄い」＋「ら」が省略された形
黴	かび	微生物
念押しする	ねんおしする	念を押す。注意をする
お供する	おともする	
格好	かっこう	
好奇の目	こうきのめ	珍しいものに興味を持つ目。文章語
外す	はずす	（体などに）ついているものを取る
こだわる［拘る］		何かをいつまでも気に掛ける

覚悟を決める	かくごをきめる	
晴れ渡った空	はれわたったそら	快晴
ショーウィンドウ		show-window（英）
視線を送る	しせんをおくる	
ぎこちなく		ぎくしゃくしていて、不慣れである様子
リラックスする		relax（英）
満開	まんかい	
あやふやな		はっきりせず不確かなこと
相づちをうつ	あいづちをうつ	人の話に調子をあわせて頷く
頭の回転の早い	あたまのかいてんのはやい	気がきく
奇妙な	きみょうな	不思議な感じがすること
背広姿	せびろすがた	
たじろぐ		圧倒されて怖くなる
察する	さっする	想像する。思いやる

愛想いい	あいそういい	いつもにこにこしていて好感を持たれる様子
振る舞う	ふるまう	1．人前で（目立った）動作をする　2．客に御馳走《ごちそう》する　ここでは、1
旦那	だんな	男性（博士）に対しての呼びかけ
混じる	まじる	少量のものが多量の中に入って一緒になる
まつわる		巻き付く
ソファー		sofa（英）
ケープ		cape（英）
頬	ほお	ほっぺた
強ばる	こわばる	柔らかいものが固くなる
食い込む	くいこむ	かむように中に深く入る
アーム		いすの横にある腕をおく場
眉間に皺を寄せる	みけんにしわをよせる	目と目の間、額《ひたい》の中央を縮める
当たり障りのない	あたりさわりのない	他に及ぼす悪い影響のない

和ませる	なごませる	なごやかにさせる。文章語
サイズ		size（英）
唐突に	とうとつに	全く突然であること。文章語
場を白けさせる	ばをしらけさせる	その場の（盛り上がった）雰囲気をさめさせる
鏡	かがみ	
時折	ときおり	時々
破られる	やぶられる	
散らばる	ちらばる	
覆われる	おおわれる	
頭蓋骨	ずがいこつ	
素数	そすう	1より大きい自然数で、1と1以外の自然数では割り切れない数
誇らしい	ほこらしい	自慢したい気持ちになること
ベンチ		公園などの外にある長い椅子

缶コーヒー	かんコーヒー	缶入りのコーヒー
噴水	ふんすい	
テニスコート		tennis - coat（英）
木漏れ日	こもれび	木の間からさす太陽の光
始終	しじゅう	
口にする	くちにする	食べたり、飲んだりする
覗き込む	のぞきこむ	隙間から中をしっかり見る

—本　文—

ようやく私は、博士を外へ連れ出すのに成功した。私が通いはじめてから彼は一歩も外出していないどころか、庭に出たことさえなく、健康のために少しは外気に触れた方がいいのではないかと思われた。

「とても気持ちのいいお天気ですよ」

それは嘘ではなかった。

「お日さまに向かって、思わず深呼吸したくなるようなお天気です」

しかし安楽椅子で本を読んでいる博士は、生返事をするだけだった。

「公園をぶらぶらして、そのあと散髪屋さんにでも寄っていらしたらいかがですか」

「そんなことをして何になる？」

老眼鏡をずらし、上目遣いで面倒そうにこちらを見やりながら博士は言った。

「別に目的がなくてもいいじゃありませんか。公園の桜はまだ散っていませんし、そろそろ花水木もほころんでいますよ。それに散髪すれば、気分がさっぱりします」

「気分なら、今でもさっぱりしている」

「足を動かして血の巡りがよくなれば、いい数学のアイデアが浮かぶかもしれません」

「足の血流と頭の血流は別ルートだ」

「髪を手入れなさったら、もっと男前になられるでしょうに」

「ふん、くだらん」

いつまでも博士はへ理屈を並べていたが、私の強引さに押し切られ、渋々本を閉じた。下駄箱にあるのは、うっすら黴の生えた革靴、一足きりだった。

「君も一緒についてきてくれるんだろうね」

靴を磨く私に向かい、何度も博士は念押しした。

「いいね、君も一緒なんだからね。散髪の間に、勝手に帰られたりしたら困るんだ」

「はい、大丈夫ですよ。お供します」

いくら磨いても、靴はきれいにならなかった。

問題は身体中に張りついたメモをどうするかだった。そのままの格好で外へ出れば、人々の好奇の目にさらされるのは間違いなかった。メモは外しましょうかと声を掛けるべきかどうか迷ったが、本人がそのことにこだわる様子を見せなかったので、私も覚悟を決めた。

博士は晴れ渡った空を見上げるでもなく、すれ違う犬やお店のショーウィンドウに視線を送るでもなく、ただ自分の足元だけを見つめてぎこちなく歩いた。リラックスするどころか、余計な力が入ってかえって緊張しているようだった。

「ほら、あそこ。桜が満開です」

などと話し掛けても、あやふやな相づちをうつだけだった。外気の中に立つと、更に一回り、老いて見えた。

私たちはまず散髪を済ませることにした。散髪屋の主人は頭の回転の早い親切な男で、最初こそ奇妙な背広姿にたじろいだが、すぐに事情があることを察し、愛想よく振る舞ってくれた。親子だと思ったらしく、

「お嬢さんと一緒だなんて、いいですねえ、旦那」

などと言ったりしたが、私も博士も否定はしなかった。私は男性客たちに混じってソファーに座り、散髪が終わるのを待った。

散髪にまつわるよほど嫌な思い出があるのか、ケープを着せられた博士の緊張はますます高まっていた。頬は強ばり、両手の指が食い込むほどきつくアームを握り締め、眉間に皺を寄せていた。主人が当たり障りのない話題を持ち出して、気分を和ませようとするのだが、効果はなかった。逆に主人に、

「君の靴のサイズはいくつかね」

「電話番号は何番かね」

と、例の質問を唐突にぶつけ、余計に場を白けさせてしまった。

鏡に私の姿が映っているのに、それでもまだ信用できないのか、時折振り返って、約束が破られていないかどうか確かめようとした。そのたびに主人はハサミを止めなければならなかったが、文句も言わず、わがままに付き合った。私は微笑みながら片手を小さく挙げ、ちゃんとここにいますよ、という合図を送った。

白髪が束になって滑り落ち、床に散らばった。散髪屋の主人はその白髪に覆われた頭蓋骨の中身が、一億までに存在する素数の個数を言い当てられることなど、知らないだろう。目の前の奇妙な男が早く帰ってくれないかと待っているソファーの客たちも、誰一人として、私の誕生日と腕時計に隠された秘密を知りはしないだろう。そう考えると、なぜか誇らしい気持になった。私は鏡に向かい、一段と明るい微笑みで、合図を送り返した。

散髪屋を出た後は、公園のベンチで缶コーヒーを飲んだ。砂場と噴水とテニスコートのある公園だった。風が吹くたび桜の花びらが舞い上がり、博士の横顔を照らす木漏れ日が揺れた。すべてのメモは始終震えていた。怪しげな飲み物でも口にするように、彼はじっと缶の口を覗き込んでいた。

（小川洋子『博士の愛した数式』新潮社より）

―練　習―

【1】（　　）にある言葉の中から適当なものを一つ選んでください。

《例》あまりにも楽しかった（ので・でも・こそ）、時間を忘れてしまった。
①彼女は食事をしていないどころか、飲み物を飲むこと（だけ・さえ・のみ）していない。
②彼に注意をしたのだが、ただうなずく（だけ・から・など）だった。
③ちょっとビール（のみ・でも・さえ）飲んでいきましょう。
④人間は愛があればお金がなく（ても・でも・ども）生きていけるのか。
⑤明日（しか・きり・なら）時間があります。
⑥彼の持っている辞書は一冊（など・しか・きり）だった。
⑦彼女に真実を言う（はず・べき・だけ）かどうか迷った。
⑧日本語の勉強は読ん（たり・だり・でも）書いたりするのが効果的だ。
⑨田中さんは本を見る（だけ・でも・さえ）なく、ただすわっていた。
⑩今日（のみ・しか・こそ）課題を終わらせよう。

【2】 次の体の一部を使った言葉の意味を、具体的に分かりやすく説明してください。

①上目遣いで見る（うわめづかいでみる）

②頭の回転の早い（あたまのかいてんのはやい）

③頬が強ばる（ほおがこわばる）

④眉間に皺を寄せる（みけんにしわをよせる）

【3】 次の語を使って、文を作ってください。

①すくなくとも

②すくなからず

③すくなくない

④おそらく

⑤おそるおそる

第十二課　あした見る夢

瀬戸内寂聴《せとうちじゃくちょう》

―ことば―

大学は出たけれど　だいがくはでたけれど　映画の名前
なげき節　なげきぶし
巷　ちまた　世の中。やや古い言い方
昭和　しょうわ　一九二五年～一九八九年までの時代
大正　たいしょう　一九一一年～一九二五年までの時代
物心つく　ものごころつく
不況　ふきょう
不景気風　ふけいきかぜ
就職口　しゅうしょくぐち　「口」は、ここでは「先」を示す

エリート		elite（英）
庶民	しょみん	普通の国民
狭き門	せまきもん	狭い門
出世コース	しゅっせコース	社会的に立派な地位につけるコース
世間	せけん	世の中
大学出	だいがくで	
短大	たんだい	「短期大学」が省略された形
猫も杓子も	ねこもしゃくしも	誰でも皆
～にまさる		～よりも優れている
職に就く	しょくにつく	
学長	がくちょう	大学・短期大学の校長
多々	たた	たくさん
詰め込み	つめこみ	ここでは、知識の暗記を重視すること
～たら最後	～たらさいご	

うつつをぬかす		心を奪われる。夢中になる
形ばかり	かたちばかり	形だけ
父兄	ふけい	最近では「父母」ということが多い
大工	だいく	
前向き	まえむき	積極的
ところてん式	ところてんしき	
外でもない	ほかでもない	（間違いなく）正に
～並	～なみ	～と同じように
いかがなものか		どうだろうか

―本　文―

「大学は出たけれど」というなげき節のことばが巷《ちまた》にはやったのは、昭和のはじめのことであった。大正十一（一九二二）年生れの私が物心つく頃に当たっていた。

世界的不況の波を受けて、日本も不景気風が吹き荒れていた。

大学は出たけれど就職口がないというのである。その頃の大学生は文字通りのエリートで、普通の庶民は私立大学などへはなかなかやれなかった。それだけに国立大は狭き門で入学は大変だった。その分、大学さえ無事出れば、世間の出世コースが約束されていたのだ。

ところが不況で大学出でも就職が困難になったのだ。

戦後、大学の数は急激に増え、短大も出来、猫も杓子も大学へ行きたがった。本人より親たちが、自分が行けなかった無念さから、子供をどうしても大学に進めたがった。大学を出なければ、いい就職口もないというわけだ。

ところが昭和初期の不況にまさる昨今の不景気の波の中で、今や大学出でも就職が困難になってきた。苦労して子供を大学に入れ高い学費を投資したのに、職にも就けない子供を抱えて、親の嘆きは深刻である。

私は女子短大の学長を四年間務めたことがある。その時、大学のあり方について痛切に感ずるところが多々あった。

成績評価の問題は毎年教授会のさけられない難題であったのだ。今、学長の八割が、大学生の学力の低下を認めているという。大学が多すぎるのと、日本の大学は入るまでは詰め込み受験勉強をするが、入ったら最後、学生は遊びにうつつを抜かし、教師もそういう学生に情熱を失い、形ばかりの講義で義務を果したと思ってしまう。何が問題かという点を、この際、大学側も父兄側も一緒になって大学について考え直し、見直す時機が来ているのではないだろうか。

猫も杓子も大学に入れる必要はない。短大をやめ、もっと専門的な職業教育の出来る専門学校を増やすべきである。そこでは国家が援助して、伝統工芸などの職人を本気で養成すべきだろう。

今の子供たちの一番なりたい職業は大工さんだという。子供たちの直感の方が前向きである。大学に入れて、ところてん式に押し出してもらっても、情熱のない教授、目的意識のない学生の中から、どんな輝く人格や学問が生まれるだろうか。

日本に今、最も必要なのは、外でもない自分の国の若者の教育である。学力を昔並にもどし、道徳に機敏で、他者に思いやりのある人間を造る大学こそが必要なのである。本当に学力のある人格の豊かな人間を造る大学以外はもっと数を減らし、厳選主義にすればいいと思うが、いかがなものか。

（瀬戸内寂聴『あした見る夢』朝日新聞出版より）

—練　習—

【1】慣用句・固有表現の意味を確認してください。

①なげき節

②巷にはやる

③物心つく

④猫も杓子も

⑤うつつを抜かす

【2】本文にある指示語の意味を確認してください。

①「その頃の大学生」（153ページ・4行目）

②「それだけに」（153ページ・5行目）

③「その時」（153ページ・14行目）

④「そこでは」（154ページ・8行目）

【3】次にある「の」の持つ意味を、別の言葉で言い換えてください。

①「巷にはやったのは」（153ページ・1行目）
②「大学は出たけれど就職口がないというのである」（153ページ・4行目）
③「大学さえ無事出れば、世間の出世コースが約束されていたのだ」（153ページ・6行目）
④「ところが不況で大学出でも就職が困難になったのだ」（153ページ・7行目）
⑤「大学が多すぎるの」（154ページ・3行目）
⑥「日本に今、最も必要なのは、外でもない自分の国の若者の教育である」（154ページ・12行目）
⑦「他者に思いやりのある人間を造る大学こそが必要なのである」（154ページ・13行目）

【4】次の語を使って、文を作ってください。

①今や

②～たら最後

③～べき

④外でもない

⑤～もの（であろう）か

●著者

岩佐　靖夫（いわさ　やすお）

慶應義塾大学日本語・日本文化教育センター非常勤講師、成蹊大学国際教育センター非常勤講師

片桐　史尚（かたぎり　ふみたか）

明海大学外国語学部日本語学科教授

桜井　隆（さくらい　たかし）

元明海大学外国語学部日本語学科教授

横道　千秋（よこみち　ちあき）

国士舘大学経営学部経営学科非常勤講師、帝京大学日本語教育センター非常勤講師

カバーデザイン　滝デザイン事務所
本文デザイン／DTP　江口うり子（アレピエ１）
平田文普

留学生のための 現代日本語読解

Modern Japanese Reading Comprehension for Foreign Students

平成18年（2006年） 4月20日　初版第1刷発行
令和 7 年（2025年） 4月10日　第3刷発行

著　者　岩佐 靖夫・片桐 史尚・桜井 隆・横道 千秋
発行人　福田 富与
発行所　有限会社　Jリサーチ出版
〒166-0002 東京都杉並区高円寺北2-29-14-705
電話03(6808)8801(代) FAX 03(5364)5310(代)
編集部03(6808)8806
https://www.jresearch.co.jp
印刷所　㈱シナノ パブリッシング プレス

ISBN978-4-901429-31-3

Ｊリサーチ出版の日本語学習書

※価格はいずれも税抜

日本語単語スピードマスター ADVANCED2800

「日本語単語スピードマスター」シリーズ最上級のＮ１レベル。大小の分類により語彙を関連づけさせながら、効率よく覚えていく。

倉品さやか 著

1600円　㊥㊥㊥対訳付　CD２枚付

くらべてわかる　日本語表現文型辞典

363の基本表現を意味ごとに分類。豊富な例文を交え、類義のものを比較しながら詳しく解説。日本語指導者と日本語上級者、双方に役立つ。

大阪YWCA／岡本牧子・氏原庸子 共著

2000円

くらべてわかる　てにをは日本語助詞辞典

日本語の理解、上達の最大のカギとなる「助詞」の総合的な辞典。他の助詞と比較しながら、意味や働き、使い方を整理していく。

大阪YWCA／氏原　庸子・清島千春・井関幸・影島充紀・佐伯玲子 共著　1800円

日本人がよく使う日本語会話 オノマトペ基本表現180

１万語以上ともいわれるオノマトペ（擬音語・擬態語）の中からよく使われる重要なものを厳選。イラストや音声も加えて、意味や使い方をわかりやすく解説。

清ルミ 著　1600円　㊥対訳付

尊敬語から美化語まで 外国人のための日本語敬語の使い方 基本表現85

仕事や生活でよく使われる敬語の言葉と表現を一つずつ丁寧に取り上げ、着実に習得していく。イラストや音声も付いて、わかりやすい。

清ルミ 著　1600円　㊥対訳付

Jリサーチ出版　https://www.jresearch.co.jp
〒166-0002 東京都杉並区高円寺北2-29-14-705
TEL 03-6808-8801 FAX 03-5364-5310

留学生のための 現代日本語読解

〈解答〉

第一課　美女入門

【1】　解答例

A　目にする＝見る　　C　口にする＝①言う　②食べる

B　耳にする＝聞く　　D　手にする＝持つ

【2】　解答

①そんな悪いことばを（　口にし　）てはいけません。

②昨日、学校で田中さんのうわさを（　耳にした　）。

③富士山の美しさは、一度（　目にし　）たら忘れられない。

④さしみがおいしいとは聞いたが、まだ（　口にした　）ことがない。

⑤あそこでかばんを（　手にし　）ている人が山田さんです。

【3】　解答

①机の上が汚かったので、（　さっと　）掃除しておきました。

②田中君は遅刻して、教室に（ひょこひょこ）とやって来ました。
③初めは刺身が食べられませんでしたが、今では（　すっかり　）好きになりました。
④日本に来て、日本語の大切さを（　しみじみ　）と感じました。
⑤この本棚は、家の押入れに（　ぴったり　）と入りました。

【4】　解答例

①決して～ない　どんな勉強でも決して無駄ということはない。
②～のあまり　働き過ぎのあまり、彼は倒れてしまいました。
③～たりとも　本番の試験まで、一瞬たりとも無駄には出来ません。
④～ものだ　人生はなかなか思うようには行かないものだ。
⑤～ものの　日本の生活は忙しいものの、楽しいことも結構あります。

第二課　あの日にドライブ

【1】　解答

①日本の生活習慣（　に　）すっかり慣れました。
②田中君は自分の外見（　を　）よく気にする人です。
③人（　に　）気を配ることは、社会で生活していくために重要です。
④車窓から見える風景（　に　）目を走らせました。
⑤怒った犬は飼い主（　か　）（　ら　）目をそらし続けていました。

【2】　解答

①二年前の三月に、私は日本に住み（　始め　）ました。
②ラジオ局に頼み（　込んで　）、貴重な番組のテープを借りることができました。
③うちの子は、十歳になる今もサンタクロースの存在を信じ（　込んで　）いる。
④街で偶然中学時代の友達に会って、すっかり話し（　込んで　）しまいました。
⑤最近、地球の温暖化現象が言われ（　始めて　）います。

【3】　解答

①面倒臭く思われることは（　さっさと　）片付けてしまった方がいいです。
②人間は（　こつこつと　）努力していれば、きっといいことがあります。
③連続して駐車している車の横を、一台の車が（　そろりと　）通り抜けています。
④そんな昔の細かいことまで（　いちいち　）思い出せません。
⑤ヨーロッパの主な都市には（　たいてい　）英語がわかる人がいます。

【4】　解答例

①～とたん　　ドアを開けたとたん、飼っている猫が飛び出して来ました。
②～としても　　今から走っていったとしても、その電車には間に合いません。
③～次第で　　テストの成績次第で、奨学金がもらえるかどうか決まります。
④とりあえず　　難しい言葉でも、とりあえず使ってみようと思っています。
⑤ようやく　　雨でバスが遅れていましたが、十五分待ってようやく来ました。

第三課　ノルウェイの森（上）

【1】　解答例

①の「そう」は、「幸せそう」、「楽しそう」など、実際にその状況を見ながら判断する意味が含まれる。
②の「よう」は、「ちょっと風邪を引いたようだ」や「(先生の部屋の前で)先生は留守のようだ」など、ある状況についてしばらく考えてから判断する意味が含まれる。
③の「らしい」は、「犯人は彼だったらしい」や「午前中雨が降ったらしい」など、ある状態について直感で判断する意味が含まる。
④の「みたい」は、「(彼は)嬉しいみたい」や「女優みたいな先生」など、実際に見た状況について直感で判断する意味が含まれる。

【2】　解答

①彼女は（　きらきら　）した眼で相手を眺めました。

②言いたいことがあるなら、（　はっきり　）言ってください。
③2月に粉雪が（　ぱらぱら　）と舞うのを楽しみにしていましたが、今年はついに降りませんでした。
④あの先生はいつも（　きちんと　）した格好で学校へ来ます。
⑤先生から急に質問されたので、（　どっきり　）としてしまいました。
⑥生まれた時から、私は（　ずっと　）横浜に住んでいます。
⑦小さい子供はなかなか（　じっと　）していることができないものです。

【3】　解答例

①それほど　　日本語はそれほど難しくない。
②～わけではない　　鰻《うなぎ》はあまり食べないが、嫌いなわけではない。
③ずいぶん　　四月になってずいぶん暖かくなってきました。
④～難い　　店長に向かって直接お給料をあげてくれとは言い難いです。
⑤結局　　一生懸命努力しましたが、結局合格出来ませんでした。

第四課　ノルウェイの森（下）

【1】　解答例

①人の話に上手に合わせて「はい」とうなずくこと

②ちょっと休むこと

【2】　解答

①今日は何か疲れたことでもあったのか、彼は終始（　ぼっと　）していました。

②時間はまだ（　たっぷり　）あるから、慌てずにゆっくりやろう。

③昨日、駅前のコンビニエンスストアで小林先生と（　ばったり　）会いました。

④食器を（　かちゃかちゃ　）と音をさせながら食事するのはよくない。

⑤緑は（　ごくごく　）と水と飲んだ。

⑥激しい運動をしたせいで、気分もいくらか（　さっぱり　）した。

【3】　解答

①私の先生は、簡単な韓国語をいくらか（**話せます**・話せません）。

②彼は一体、今本当に（四十歳です・**四十歳でしょうか**）。

③小さい時から、私はずっと（**横浜に住んでいます**・していることが出来ません）。

④パソコンを見すぎたせいで、（目が疲れませんでした・**目が疲れました**）。

【4】　解答例

①たまに　　疲れた時、私はたまにお酒を飲みます。

②～ために　　日本語をしっかり勉強するために、日本へ来ました。

③なんだか　　今日は朝からなんだか調子がよくありません。

④べつに　　べつに大した用事ではありませんが、ご連絡しました。

⑤何度か　　ディズニーランドには何度か行ったことがあります。

第五課　代筆屋

【1】　解答例

①「新しい、新鮮だ」の意味。出来たて、炊きたて、茹でたて、など
②「確かに、しっかり」の意味。住みつく、泳ぎつく、たどりつく、など
③「再び、もう一度」の意味。やり直す、出直す、持ち直す、など
④「深く、しっかりと」の意味。食べ込む、飲み込む、信じ込む、など
⑤「お互いに。二人で」の意味。見合う、助け合う、競い合う、など

【2】　解答例

①皆同じことを言ってそれに賛成する
②あれこれとためらうことなく、すぐに承諾する
③緊急のことのために、他のことをみる余裕がない様子
④ちょうどガードの下にいる占い師そのままに

【3】　解答

①ラッシュアワーの時間帯は、ホームも電車も大勢の乗客で（　ひしめき　）合います。
②大切なことは忘れないように、ノートに（　記し　）ておきます。
③悩んでいる時は、いい考えはなかなか（　閃かない　）ものです。
④表通りを横に入った（　奥まった　）ところに、そのお店はありました。
⑤田中さんは体が弱く、時々起こる持病の発作に（　苦しんで／苦しまされて　）います。

【4】　解答例

①さっぱり～ない　　私には彼の言っていることがさっぱり分からない。
②いっそ　　宝くじに当たったら、いっそアメリカに行って生活しようか。
③～にせよ　　毎日忙しいにせよ、やるべきことはやらなければならない。
④～といって　　無口な人だといって、性格が悪いわけではない。
⑤まるで　　彼は当日まるで登山にでも行くかのような格好をして来た。

第六課　セイジ

【1】　解答

①自転車旅行の／自転車旅行をする
②友人の自転車で旅行する
③自転車だけ送り返すこと
④自転車旅行
⑤今まで生きて来た人生
⑥十キロやそこらの距離を歩くこと
⑦４７５号線
⑧駅の
⑨小さな毎日、小さな生活
⑩電車

【2】　解答例

①〜③の＿＿＿は、「〜や〜など」や「〜とか〜とか」とほぼ同じ意味を表すが、①・②の「神社だの、駅の待合室だの」、「だんご屋だの、旅館だの」の「だの」を使う場合は、「神社」や「だんご屋」はどうでもいい対象、大切にはならない対象である意味が含まれ、③の「喫茶店やらゲームセンターやら」といった場合は、「喫茶店」や「ゲームセンター」はマイナス・イメージ、よくない印象を受けるものであることを示す。

【3】　解答

①家の近くにお菓子屋さんが出来たので、（　フラリと　）行ってみました。
②この辺りは、（　もともと　）海であったところを埋め立てて出来た土地です。
③彼は、「時間がないんだから、言いたいことは（　さっさと　）教えてくれ」と言いました。
④遠くに富士山が（　ボンヤリと　）霞んでみえます。
⑤昨日は酔った田中さんから（　長々と　）話を聞かされて、嫌になってしまいました。

【4】　解答例

①～どころか　地震による被害総額は一千万円どころか、一億円以上にのぼる。
②～さえすれば　日本語は基本が分かりさえすれば、やさしい言葉です。
③～だの～だの　難しいだの出来ないだの言って、挑戦しないでいるのはよくない。
④思い思いの　卒業パーティでの学生は、思い思いの洋服を着ていました。
⑤まして（や）　先生でも分からないことが、まして（や）自分にわかるはずがない。

第七課　私の歩んだ道　ノーベル化学賞の発想

【1】　解答

①来日して三ヵ月が過ぎ、日本の生活にも（　だんだん　）慣れて来ました。

②中学生時代、クラブ活動が終わってから、一人寂しく懐中電灯をつけながら夜道を（　とぼとぼ　）歩いたことがあります。

③この前、道を歩いていて車にひかれそうになったので（　はっと　）しました。

④雨上がりのベンチの上にうっかり腰掛けて、ズボンが（　びちょびちょ　）になってしまいました。

【2】　解答

①一歳になる友達の子供が最近（**1．歩き**　2．歩み）始めました。

②人生は長いですから、慌てずにゆっくりと（1．歩き　**2．歩み**）たいものです。

③都心の高いビルから眺めた（**1．景色**　2．風景）は、家ばかりでした。

④スパセットさんは（1．景色　**2．風景**）画を描くのが趣味です。

⑤今日は朝から頭が重いです。どうやら風邪を引いた（**1．よう**　2．らしい）です。

⑥田中さんは今日は体の調子がいい（1. ようで　2. らしく）、終始よく動きます。
⑦昨日、部屋でコンタクトレンズを落として、部屋中を（1. 探し　2. 探り）回りました。
⑧恋人の本心を（1. 探して　2. 探って）みます。

【3】　解答例

①いまだに　　小林さんは、いまだに手書きで手紙を書いています。
②～といっても　　刺身を食べないといっても、嫌いなわけではありません。
③ともかく　　時間がありませんから、ともかく早く行きましょう。
④まさに　　芥川龍之介は、まさに天才といえる作家でした。
⑤あるいは　　都心の街へは、電車あるいはバスを使って行くのがいいです。

第八課　不調のときの神頼み

【1】　解答例

①人生は楽しいこともあり、悲しいこともあり、そのいずれもが交互にやって来るものだという意味です。

②言うことは簡単に出来るが、実行することは難しいという意味です。

③藁のようなつかめないものにもつかみたいということから、苦しい状況が深刻で、誰かの誠実な助けが欲しいという意味です。

【2】　解答

①アルンシーさんは、自分の小さい子供を国の両親に［頼って・**頼んで**］、日本に留学に来ました。

②先進国の発電は、かなりの部分を原子力に［**頼って**・頼んで］います。

③山賀先生は優しくて、私達が［**頼む**・頼る］ことをいつもきちんと引き受けてくれます。

③周りの木々が青くなって、春の［**訪れ**・訪ね］を感じさせます。

④今、世界の国々は、様々な問題を［抱《いだ》い・抱《だ》い・**抱《かか》え**］ています。

⑤北海道大学の創立者であるクラークは、「少年よ、大志を［抱《いだ》け・抱《だ》け・抱《かか》えろ］」と言いました。

⑥お母さんの腕に［抱《いだ》かれ・抱《だ》かれ・抱《かか》えられ］て、赤ちゃんは幸せそうです。

【3】　解答例

①たとえ〜ても　たとえ苦しくても、あきらめずに最後まで頑張ります。

②やがて　私達は大学を卒業して、やがて結婚します。

③ところが　朝は晴れていました。ところが、今は雨が降っています。

④いかにも　彼はいかにもやりたくないという顔をしています。

⑤ほんの　私の家から最寄駅までは、歩いてほんの五分です。

第九課　鞄

【1】　解答

①わけ　②こと　③こと　④が

【2】　解答

①日本からアフリカに行く（　に　）（　は　）、普通は他の国のどこかの都市で乗り換えが必要です。
②最近の都市には茶髪（　に　）ルーズ・ソックスという若い女の子の姿（　が　）目に付きます。
③「わかる」ことと出来ること（　と　）（　は　）雲泥の差です。
④日本人は元来肉より魚（　を　）好んで食べて来た民族です。
⑤今日、川原さんはどうして機嫌が悪かったのだろう（　と　）気になりました。

【3】　解答

①電車の中で、よく見て（(1.見ぬ)　2.見ず）ふりをする人がいます。
②（1.知らぬ知らぬ　(2.知らず知らず)）のうちに、日本語で会話が出来るようになりました。

③新治は、分かったような（1. 分からぬ（circled）　2. 分からず）ような顔をしていました。
④飯塚君は気難しくて、回りにいる人から（1. 分からぬ　2. 分からず（circled））屋と言われています。
⑤今日はこれから家へは（1. 帰らぬ　2. 帰らず（circled））、空港へ友人を迎えに行きます。

【4】　解答例

①パンパン　　食べ過ぎて、おなかがパンパンになりました。
②あたかも　　あたかも弓を離れた矢のように、時間が早く過ぎました。
③どうにも　　最後の一つの問題が、難しくてどうにも出来ません。
④ぼんやり　　私はめがねを外すと、回りのものがぼんやりとしか見えません。
⑤気になる　　家を出て来た時、電気を消して来たかどうか気になっています。

第十課　わが子に伝える「絶対語感」

【1】　解答

①寒い地方ほど活字を（　読む　）人が多いといわれている。
②このごろの若者は本を（　読ま　）なくなったと思う。
③このごろは本が（　読まれ　）なくなったといわれている。
④私の趣味は音楽を聞いたり、本を（　読ん　）だりすることです。
⑤学校以外では、本をまったく（　読ま　）ないという大学生が多い。
⑥何かを（　読む　）とすれば、漫画やコミック本が多い。
⑦本はテレビよりむずかしくて、とても（　読んで　）はいられない。
⑧（　読む　）ことは、ただ字が（　読める　）こととは違う。
⑨勉強のために本を（　読む　）ことさえ、すくなくなってしまった。
⑩新聞を（　読み　）ながら、ご飯を食べないでください。

【2】 解答

①日本（へ／に）来たアメリカ人（が）、日本人（を）見ておどろいたこと（が）、二つある。
②食べるもの（が／の）なかった時代なので、日本人（が／は）立っていられない（の）も無理（は／も／の）ないことでした。
③日本人（は）ほかに楽しみ（や／も）すること（が／も）ないから、読書（を）好んでいた（と）考えられる。
④適切（な）時期（に）一生懸命勉強（を）しなけれ（ば）、おとな（に）なってから（の）生活（に）、すくなから（ず）影響（を）及ぼすだろう。
⑤ことばは、耳（で）習得したあとに、目（で）も習得する、つまり文字（に）よることば（の）習得（が／も）必要（に／と）なる。
⑥気候（の）厳しい地方で（は）、暖かい地域（に）くらべて、どこ（の）町で（も）大きな書店（が）あります。

【3】 解答例

①いたるところで　　街中いたるところで声をかけられた。

②ところかまわず

③すでに

④まったく～ない

⑤とても～はいられない

彼はところかまわず寝てしまう。

時代はすでに21世紀になっています。

子供はまったく言うことを聞かない。

寒くてとても立ってはいられない。

第十一課　博士の愛した数式

【1】解答

①彼女は食事をしていないどころか、飲み物を飲むこと（だけ・**さえ**・のみ）していない。
②彼に注意をしたのだが、ただうなずく（**だけ**・から・など）だった。
③ちょっとビール（のみ・**でも**・さえ）飲んでいきましょう。
④人間は愛があればお金がなく（**ても**・でも・ども）生きていけるのか。
⑤明日（しか・きり・**なら**）時間があります。
⑥彼の持っている辞書は一冊（など・しか・**きり**）だった。
⑦彼女に真実を言う（はず・**べき**・だけ）かどうか迷った。
⑧日本語の勉強は読ん（たり・**だり**・でも）書いたりするのが効果的だ。
⑨田中さんは本を見る（だけ・**でも**・さえ）なく、ただすわっていた。
⑩今日（のみ・しか・**こそ**）課題を終わらせよう。

【2】　解答例

①上目遣いで見る　顔をふせぎみにして目だけを上へ向けて人を見る目つきで見る。
②頭の回転の早い　機転のきく。すぐに適切な判断を下して処理できる。
③頬が強ばる　ほおがかたくなる。表情がかたくなる。
④眉間に皺を寄せる　（目の上の）まゆとまゆとの間をせばめる→いやがっている表情、困っている表情。

【3】　解答例

①すくなくとも　この問題を解くにはすくなくとも五分はかかる。
②すくなからず　私たちはすくなからず環境保護に貢献している。
③すくなくない　今年は雨の日がすくなくない。＝雨の日が（かなり）多い。
④おそらく　彼はおそらく今日は来ないでしょう。
⑤おそるおそる　彼女はおそるおそる地下のとびらをあけた。

第十二課　あした見る夢

【1】　解答例

①満足出来ず悲しい思いが含められて出る語
②世間・一般社会に流行する
③人情や一般社会を理解する年齢になる
④どんなものでも。誰もかれも
⑤正気を失って夢中になる

【2】　解答

①昭和のはじめの
②（普通の庶民は）私立大学などへはなかなかやれなかった
③女子短大の学長を四年間務めた
④（専門的な職業教育の出来る）専門学校

【3】　解答

①とき、時代　②わけ　③わけ　④わけ　⑤こと　⑥こと　⑦わけ

【4】　解答例

①今や　今や、時代はコンピューターの時代になっています。

②～たら最後　彼にそう言ったら最後、二度と聞き入れてもらえません。

③～べき　学生は、アルバイトより毎日しっかり勉強すべきです。

④外でもない　会田先生は外でもない、日本で有名な歴史学者です。

⑤～もの（であろう）か　高校生が携帯電話を持つのは、どのようなものであろうか。